DAS
VEGPREP-PRINZIP

VEGETARISCH | VEGAN | VORKOCHEN

VETOX | KATJA BURKARD

Impressum

DAS VEGPREP-PRINZIP

Vegetarisch | Vegan | Vorkochen

1. Auflage 2022

© VETOX – eine Marke von maxLQ

maxLQ ist ein Unternehmensbereich der FID Verlag GmbH | Koblenzer Str. 99 | 53177 Bonn
Telefon: 0228-9550-424 | E-Mail: info@vetox.de | Internet: www.vetox.de

Herausgeberinnen und VETOX Gründerinnen: Anna Lena Stegemann und Marie-Sophie Jesko
Text: Anna Lena Stegemann, Marie-Sophie Jesko, Katja Burkard, Sarah Derkaoui, Lena Pfetzer, Tina Hildebrandt, Victoria Rentrop, Anna Marie Grothe
Bildnachweis: Lena Pfetzer, Tina Hildebrandt, Victoria Rentrop, Mika Baumeister
Lektorat: Annika Holtmannspötter
Layout & Satz: TiPP 4
Herstellung: Sebastian Gerber
Druck: Grafisches Centrum Cuno GmbH & Co. KG, 39240 Calbe (Saale)

Alle Rechte vorbehalten. Nachdruck und Vervielfältigungen sowie Verbreitung durch Bild, Funk, Fernsehen und Internet, auch auszugsweise, nur mit schriftlicher Genehmigung des Verlags.

Haftungsausschluss: Alle Beiträge wurden mit Sorgfalt recherchiert und überprüft. Dennoch erfolgen alle Angaben ohne Gewähr. Weder der Autor noch der Verlag können für Angaben in diesem Buch eine Haftung übernehmen. Die hier veröffentlichten Gesundheitsinformationen und Tipps können eine ärztliche Beratung und Betreuung in keinem Fall ersetzen.

ISBN: 978-3-95443-228-8

Mit Leidenschaft und Herzblut arbeiten wir jeden Tag daran gesunde Ernährung endlich EINFACH für euch zu machen!

Inhalt

An alle Alltagshelden, Familien-Oberhäupter und Workaholics: Dieses Buch ist für euch!................6

Meal Prep: deine Geheimwaffe für ein glückliches, grünes und gesundes Leben! 8

Das ist VETOX und so revolutioniert die 5+2-Formel deine Ernährung........................10

Das ist das VegPrep-Prinzip 12

Welche Lebensmittel eignen sich für VegPrep? 16

VegPrep-Utensilien: Mit dieser Grundausstattung wirst du zum Prep-Profi!........................18

Legende zu den Rezept-Buttons....................19

Deine Einkaufslisten für deinen VegPrep-Plan 198

Das Nährstoff-Einmaleins 200

Zutatenregister 204

So geht's für dich weiter........................206

VegPrep-Rezepte

Frühstück vegetarisch 21

Frühstück vegan 47

Hauptspeisen vegetarisch 69

Hauptspeisen vegan 115

Snacks vegetarisch 163

Snacks vegan 171

Smoothies 187

An alle Alltagshelden, Familien-Oberhäupter und Workaholics: Dieses Buch ist für euch!

Hallo angehender VegPrep-Profi,

egal, ob Arbeitstiere, Studierende, Künstler, TV-Gesicht oder Elternteil – jeden Tag aufs Neue beweisen wir, dass wir ganz große Alltagshelden sind. Denn wir jonglieren uns tagtäglich durch Termin-Marathons, Endlos-Telefonate und Kinderbetreuung. Und ja, irgendwie schaffen wir es sogar, die wenige Freizeit, die uns bleibt, sinnvoll für uns zu nutzen! Nur eine Sache kommt leider immer wieder zu kurz: unsere Gesundheit.

Mein Name ist Katja Burkard, und als viel beschäftigte Moderatorin, Journalistin und Mama von zwei Kindern weiß ich, wie schwer es ist, sich im Alltag gesund zu ernähren – geschweige denn frisch und ausgewogen zu kochen. Auch ich stehe jeden Tag erneut vor der Frage: Wie schaffe ich es bloß, in all dem Alltagstrubel meinem Körper das zu geben, was er wirklich benötigt, um meine volle Leistung ausschöpfen zu können?

Bis vor ein paar Wochen sah mein Tagesablauf noch so aus: Mein Wecker klingelt um 5:30 Uhr. Ab 6:00 Uhr bereite ich mich auf die Sendung vor, bevor ich ab 7:00 Uhr in der RTL-Redaktion bin. Für mehr als einen Kaffee reicht die Zeit morgens meistens nicht. Und wie sieht das beim Mittagessen aus? Tja, wer von 12:00 bis 15:00 Uhr LIVE auf Sendung ist, hat nun mal beim Mittagessen keine große Auswahl. Auch die Werbepausen reichen nicht für eine vernünftige Mahlzeit aus. Die Konsequenz: Mein Blutzuckerspiegel ist nach der Sendung dermaßen im Keller, dass ich im Anschluss Heißhunger auf etwas Süßes bekomme. Und dann greife ich oft zu dem, was schnell erreichbar ist: Kuchen und Süßigkeiten. Wie bei allen Working Mums geht nach dem Feierabend der Mama-Alltag los! Auch du kennst sicher die täglichen Fragen: „Was essen wir heute? Was ist gesund? Was dauert keine Ewigkeiten in der Zubereitung?" Natürlich muss es auch noch gut schmecken – nicht nur mir, sondern meiner ganzen Familie! Auf alle diese Fragen findest du in diesem Kochbuch endlich eine Antwort.

Mit VETOX wird gesunde Ernährung endlich lecker und alltagstauglich

Als ich Anfang des Jahres in den sozialen Medien auf die Gründerinnen von VETOX, Anna Lena und Marie-Sophie, aufmerksam wurde, war ich sofort begeistert. In ihrer Mission, gesunde Ernährung endlich für alle Menschen einfach zu machen, habe ich mich direkt wiedergefunden und die zwei zu einem Interview eingeladen.

Bei unserer gemeinsamen Sendung, dem „Projekt Ernährungsrevolution" haben wir über meine Herausforderung gesprochen, gesunde Ernährung und meinen stressigen Alltag als Moderatorin und Zweifach-Mama unter einen Hut zu bekommen. Und die Ernährungsexpertinnen haben mir erzählt, dass es ganz vielen Mitgliedern ihrer VETOX-Community ganz genauso geht.

Und so entstand die Idee zum ersten vegetarisch-veganen-Meal-Prep-Kochbuch überhaupt: das VegPrep-Prinzip – Vegetarisch – Vegan – Vorkochen.

Mit ihrer 5+2-Erfolgsformel haben die beiden Ernährungswissenschaftlerinnen das Meal-Prep-Prinzip revolutioniert, damit du im Alltag noch mehr Zeit sparst und immer garantiert gesunde Mahlzeiten genießen kannst.

Wie das VegPrep-Prinzip funktioniert, erfährst du ab Seite 8 deines Kochbuchs.

Die Vision von Anna Lena und Marie-Sophie: Zu jeder Tageszeit mit gesunden, nährstoffreichen und köstlichen VETOX-Gerichten bestmöglich vorbereitet sein. Dadurch soll es nun wirklich jede*r

Alltagsheld*in schaffen, konzentriert und energiegeladen durch den Tag zu kommen und das mit maximal 30 Minuten Zubereitungszeit pro Tag.

Ich habe es selbst ausprobiert und spare wertvolle Zeit, die ich für Sport, meine Familie oder Freunde nutzen kann. Und deshalb freue ich mich, dass ich die beiden bei der Konzeption dieses Buchs als Supporterin und Anwenderin unterstützen konnte.

Freu dich auf 97 einfache, gesunde und leckere Vorkoch-Rezepte, die ich selbst mit Freude getestet habe.

Gespickt mit meinen kleinen Tipps, Anekdoten und Tricks für mehr Leistungsstärke, Produktivität, Zufrieden- und Gelassenheit im stressigen Alltag haben wir mit diesem Kochbuch genau diese Vision endlich Wirklichkeit werden lassen.

Das – wie wir finden - großartige Ergebnis unserer Arbeit hältst du jetzt in den Händen. Ich bin wirklich stolz darauf, dass ich an diesem einzigartigen, genialen Konzept mitwirken durfte, und ich kann dir jetzt schon versprechen, es wird deine Ernährung revolutionieren.

Dank VETOX gelingt es mir endlich, beim täglichen Spagat zwischen Business und Familie meinen Körper mit den wichtigsten Nährstoffen, Vitaminen und Spurenelementen zu versorgen. Das kannst du jetzt auch ganz leicht schaffen!

Dieses Kochbuch ist für all die Alltagshelden unter uns geschrieben, für dich und mich. Danke Anna Lena und Marie-Sophie, dass ihr uns gehört habt.

Viel Spaß beim Stöbern, Kochen, Preppen und Genießen!

Deine Katja Burkard

*Wir sind wahnsinnig stolz, dass Katja Burkard unser Herzensprojekt VETOX so begeistert und supportet. Diese absolute Powerfrau beweist jeden Tag, wieso gesunde Ernährung so wichtig ist, um einen stressigen Alltag zu meistern. Wir freuen uns, dass Katja inzwischen fester Teil unserer VETOX-Bewegung ist. Und wir hoffen, dass wir mit diesem Buch dazu beitragen, dass immer mehr Menschen gesunde, pflanzliche Ernährung in ihrem Alltag unterbringen können. Denn gerade wir Alltagsheld*innen brauchen volle Nährstoff-Depots, um unser ganzes Potenzial zu nutzen. Deshalb ist es toll, dass du dich entschieden hast, unser VETOX-VegPrep-Prinzip nach der 5+2-Formel auszuprobieren. Wir wünschen dir ganz viel Spaß dabei!*

Anna Lena & Marie-Sophie – Dein Team VETOX

Meal Prep: deine Geheimwaffe für ein glückliches, grünes und gesundes Leben!

Du stehst mit beiden Beinen fest im Job – und daher eher selten in der Küche? Du möchtest deine wertvolle Freizeit gern entspannt mit deinen Liebsten oder beim Sport verbringen, anstatt mehrmals täglich supergesunde Mahlzeiten zuzubereiten? Vielleicht fragst du dich auch, wo der Genuss bleiben soll, wenn pflanzliche Ernährung gefühlt so aufwendig ist?

Das kennen wir. Und wir haben selbst erlebt, was das für das Essen im stressigen Alltag letztendlich viel zu oft bedeutet: In der Mittagspause geht's zum Bäcker und nachmittags „gönnen" wir uns einen Schokoriegel. Die Devise lautet nämlich leider: Es muss schnell gehen, es muss satt machen – und je größer der Heißhunger, desto kleiner häufig der Gesundheitsfaktor.

Wenn dich der Gedanke an tägliches Gemüse-Schnippeln und stundenlanges Kochen nach Feierabend bisher vom Schritt in einen gesünderen, grünen Lifestyle abgehalten hat, bist du hier goldrichtig.

Möchtest du wissen, welche alltagstaugliche Strategie unser Green Life revolutioniert hat – und garantiert auch dein Leben verändern wird? Wir können es kaum erwarten, unser Geheimnis mit dir zu teilen!

Wir sind hier, um dir zu zeigen, dass gesunde Ernährung auch einfach, schnell und planbar geht. **Unsere Geheimwaffe heißt:** VegPrep – Meal Prep auf die VETOX-Art!

Was ist VegPrep?

VegPrep ist eine Next-Level-Kombination aus Meal Prep und pflanzlicher Ernährung mit maximaler Nährstoffdichte.

Der Trend zur Meal Preparation (kurz: Meal Prep) kommt ursprünglich aus der Fitnessszene der USA. Die Idee dahinter: Einmal zubereiten, mehrmals frisches Fitfood genießen!

Aber wenn wir mal ehrlich sind: Wie gut lässt sich dieses Konzept eigentlich mit unserem Alltag kombinieren? Wer hat schon Lust, einen ganzen Tag nur in der Küche zu stehen und dann in der Folgewoche jeden Tag das Gleiche zu essen? Darum haben wir uns entschlossen, Meal Prep jetzt noch alltagstauglicher zu machen: Meal Prep nach dem VegPrep-Prinzip ist ein einzigartiges Konzept, das du so nur bei uns findest. Wir haben unsere Erfahrungen aus dem echten Leben, unsere Leidenschaft für gesunde Ernährung und das Wissen zahlreicher Experten kombiniert und Meal Prep noch alltagstauglicher, noch nährstoffreicher und noch unkomplizierter gemacht. Versprochen: Mit den Anleitungen, Tipps und Tricks in diesem Buch wirst auch du zum VegPrep-Believer!

Das sind die phänomenalen Vorteile von VegPrep!

- **Du isst stressfreier, leckerer und gesünder.**

Eine französische Studie mit mehr als 40.000 Teilnehmer*innen aus dem Jahr 2017 zeigt: Wer „Meal Preppt", ernährt sich ausgewogener, nährstoffreicher und abwechslungsreicher. Durchdachtes Meal Prep ermöglicht es dir nämlich, ganz bewusst bestimmte Zutaten in deine Mahlzeiten zu integrieren – oder sie wegzulassen.

Mit VegPrep hast du die volle Kontrolle über das, was du isst. Vorbei die Zeiten, in denen Fertiggerichte mit verstecktem Zucker, Aromen und Geschmacksverstärkern dich im Supermarkt verführerisch angelächelt haben. Als VegPrepper fällt es dir viel leichter, deinen gesteckten Ernährungszielen treu zu bleiben. Durch die effiziente Planung und das Vorportionieren bleibt auch das Risiko für wahlloses Nebenbei-Essen gering. Und weil du deinen Körper dabei stressfrei mit einer optimalen Balance an Mikro- und Makronährstoffen sowie hochwertigen Zutaten versorgst, ist der Wohlfühlfaktor inklusive.

- **Du sparst Zeit und Geld.**

Stell dir vor, du hättest jede Woche ab sofort 6,5 Stunden mehr Zeit für dich. Das heißt mehr Me-Time für das, was dir Spaß macht.

Statt jede Mahlzeit täglich einzeln zuzubereiten, bereitest du deine Gerichte direkt für mehrere Portionen vor. Im Alltagsstress wärmst du dein selbst gemachtes Soul Food nur noch auf. Effiziente Planung und gezieltes Einkaufen helfen dir außerdem, dein hart verdientes Geld zu sparen. VegPrep sorgt dafür, dass ab jetzt nur noch die Zutaten im Einkaufswagen landen, die du wirklich brauchst.

- **Du lebst nachhaltiger und reduzierst deinen ökologischen Fußabdruck.**

Fakt ist: Private Haushalte sind in Deutschland jedes Jahr für 6,1 Millionen Tonnen Lebensmittelabfälle verantwortlich – das sind unglaubliche 75 Kilogramm pro Person! Um das noch anschaulicher zu machen: Das ist so viel wie 375 Fleischtomaten, 150 Salatköpfe oder 750 mittelgroße Kartoffeln.

Mit VegPrep kannst du das in Zukunft vermeiden. Wenn wir es gemeinsam schaffen, diese Menge an Lebensmittelabfällen auf die Hälfte zu reduzieren, könnten wir dadurch 6 Millionen Tonnen CO_2-Äquivalente einsparen! Zum Vergleich: Diese Menge an CO_2 ist gleichzusetzen mit der CO_2-Produktion, die mehr als 6.000 Menschen in Deutschland innerhalb von 83 Jahren Lebenszeit verursachen.

Noch etwas: Kochst du selbst und bewahrst deine Mahlzeiten in nachhaltigen Aufbewahrungsboxen auf, statt dir in der Mittagspause schnell etwas zum Mitnehmen zu kaufen, trägst du aktiv dazu bei, unnötigen Verpackungsmüll zu vermeiden. Denn was das betrifft, ist Deutschland mit 227 Kilogramm Verpackungsmüll pro Kopf leider europäischer Spitzenreiter.

- **Du bleibst gut in Form und senkst das Risiko für Übergewicht.**

Wie VegPrep dir dabei hilft, deine Fitness-Goals zu erreichen? Ganz einfach: Es entschärft ganz nebenbei den Kaloriengehalt von Kohlenhydratbomben wie Pasta, Reis und Kartoffeln.

Lässt du solche kohlenhydratreichen Lebensmittel nach dem Kochen abkühlen, wird ein Teil der enthaltenen Kohlenhydrate zu resistenter Stärke. Resistente Stärke ist ein unverdaulicher Ballaststoff, den dein Körper nicht in Energie umwandelt. Deshalb macht sie länger satt, fördert deine Verdauung und hilft dabei, deine Insulinwerte in Balance zu halten (bye bye, Heißhungerattacken!). Das bleibt so – selbst wenn du die Lebensmittel wieder erwärmst.

Machen wir das ganz anschaulich: 100 Gramm frisch gekochter Reis hat einen Kalorienwert von ca. 130 Kalorien. Wärmst du den gekochten und gekühlten Reis wieder auf, enthält er nur noch 92 Kalorien – du hast somit ganz easy 38 Kalorien gespart. Logisch, dass Meal Prepping mit einem geringeren Risiko für Übergewicht und Fettleibigkeit einhergeht, wie auch die oben genannte französische Studie aus dem Jahr 2017 belegt.

Fazit: Mit uns wird Meal Prep simpel, alltagstauglich und unkompliziert!

Na, haben dich unsere Green Vibes angesteckt? Du bist so gehyped wie wir und kannst es kaum erwarten, loszulegen? Wir versprechen dir: Mit unseren erprobten Tipps und Tricks werden Meal Prep und gesunde Ernährung so einfach wie noch nie. Dafür haben wir das VegPrep-Prinzip und die VETOX-Welt für dich kreiert. Bist du bereit, richtig einzutauchen? Dann lass uns starten!

Das ist VETOX und so revolutioniert die 5+2-Formel deine Ernährung

Davon, dass eine gesunde Ernährungsweise fit und glücklich macht, bist du überzeugt. Aber was heißt eigentlich „gesund"? Fragst du dich, mit welcher Ernährungsform dein Körper denn nun alle Nährstoffe bekommt, die er braucht, um optimal funktionieren zu können?

Hast du schon diverse Ernährungskonzepte ausprobiert, aber nie das gefunden, was sich wirklich dauerhaft in deinen Alltag integrieren lässt? Ganz ehrlich: Der Alltag ist schon stressig genug, da sollte gerade die Säule der Ernährung nicht noch einen zusätzlichen Stress-Trigger darstellen.

Wäre es nicht schön, wenn gesunde Ernährung schnell und einfach ginge und nicht nach Verzicht schmecken würde? Das haben wir uns auch gedacht – und deshalb ein komplett grünes Universum kreiert, in dem du alles findest, was du für deine perfekte Ernährung im Alltag benötigst.

Die VETOX-Mission lautet: **Wir machen gesunde, pflanzliche Ernährung für alle Menschen einfach.**

Mit den 2 VETOX-Grundpfeilern wird gesunde Ernährung für dich endlich alltagstauglich

Warum VETOX so revolutionär ist? Weil wir dir auf deinem Weg in ein grünes, gesünderes Leben in allen Aspekten felsenfest zur Seite stehen.

Uns ging es nämlich anfangs genau wie dir jetzt: Nachdem wir 2019 auf der Vegmed (Europas größter Fachkonferenz rund um die pflanzenbasierte Ernährung) in London waren, war uns klar, dass die Fakten zu den Nachteilen fleischbasierter Ernährung und den Vorteilen einer pflanzlichen Ernährungsweise zu erdrückend sind, um davor weiterhin die Augen zu verschließen. Schon auf dem Weg nach Hause haben wir uns gesagt: *Das ist unser Startschuss in ein pflanzliches Leben.*

Dabei haben wir allerdings ziemlich schnell zwei Dinge gemerkt: Erstens war eine rein vegane Ernährung für uns wenig alltagstauglich. Zweitens haben uns beim genaueren Hinsehen die Nährstoffe gefehlt – trotz der vielen positiven Eigenschaften der pflanzlichen Lebensmittel.

Die Frage war: Wie können wir uns gesund ernähren und von den Benefits eines pflanzenbasierten Lifestyles profitieren, ohne dabei eine Mangelernährung fürchten zu müssen? Um darauf eine Antwort zu finden, haben wir zahlreiche Studien gewälzt und intensive Recherche betrieben. Das Ergebnis: eine pflanzliche Ernährungsweise mit maximaler Nährstoffdichte und minimalem Aufwand – eine Next-Level-Kombination aus vegetarischer, veganer und Detox-Ernährung!

Das ist VETOX:

1. **Die VETOX-Ernährungsweise.** Wir haben die vegetarische und vegane Ernährungsform mit dem Detox-Konzept verbunden und auf eine einfache Formel gebracht: Auf fünf vegetarische Tage folgen zwei vegane Detox-Tage – das ist das 5+2-Ve-Tox-Geheimnis. Wir sind überzeugt: Ernährst du dich nach VETOX, bekommst du das Beste aus allen Welten – gesünder geht es nicht!

2. **Die VETOX-Ernährungsplattform.** Sie ist das Herz des VETOX-Universums und dein Support-System im stressigen Alltag. Auf vetox.de und in der VETOX-App haben wir alles vereint, was dir dein pflanzliches Leben erleichtert: Mit unseren Rezeptinspirationen und dem wöchentlichen E-Mail-Coaching macht

gesundes Essen endlich Spaß! Als Premium-Mitglied bekommst du zusätzlich wöchentlich neue, individualisierte Ernährungspläne, die auf einem ausgetüftelten Algorithmus basieren, der wie dein persönlicher digitaler Food-Coach funktioniert: Die Rezepte sind präzise auf deine ganz individuellen Bedürfnisse und Anforderungen zugeschnitten, berücksichtigen Unverträglichkeiten, Allergien und dein persönliches Ernährungsziel. Außerdem profitierst du von personalisierten Einkaufslisten und hast Zugang zur VETOX-App und der exklusiven VETOX-WhatsApp-Gruppe. Denn Team Vetox hält immer zusammen!

VETOX Premium mit exklusiven Kochbuch-Konditionen 30 Tage gratis testen!

Warum VETOX die einfachste, gesündeste und beste Ernährungsweise für dich ist

Lass uns für die Antwort einen kleinen Abstecher in die aktuelle wissenschaftliche Studienlage machen.

Falls du – noch – zu den bekennenden Fleischessern gehörst (wie wir vor Jahren), solltest du unbedingt Folgendes wissen: Eine 2021 veröffentlichte Meta-Analyse der Oxford-Universität besagt, dass bereits der Verzehr von 50 Gramm Fleisch pro Tag das Risiko, an einer koronaren Herzkrankheit zu erkranken um bis zu 18 % erhöht. Dabei handelt es sich um eine Gefäßverengung im Herzen, die schlimmstenfalls zum Herzinfarkt führen kann.

Fragst du dich gerade, wo deine tägliche Proteinration herkommen soll, wenn du auf Fleisch verzichtest? Dann bitte aufgepasst. Der Ersatz von tierischen durch pflanzliche Eiweißquellen verringert das Risiko für Herz-Kreislauf-Erkrankungen und Tod um bis zu 54 % – wie eine amerikanische Meta-Analyse einer Forschergruppe um Victor W. Zhong 2021 nachweisen konnte.

Wir finden: Länger, gesünder und fitter zu leben, sind schon ziemlich gute Gründe für die Umstellung auf eine pflanzenbasierte Ernährungsweise. Doch es gibt noch mehr Vorteile. Laut einer 2013 veröffentlichten Analyse von Philip Tuso halbiert eine pflanzliche Ernährung außerdem das Risiko, an Diabetes zu erkranken und wird mit einem geringeren Body-Mass-Index in Verbindung gebracht – wow!

Schön und gut – aber bei pflanzlicher Ernährung denkst du trotzdem eher an Nährstoffmangel und steinhartes Knäckebrot? Genau deshalb setzen wir auf die revolutionäre 5+2-VETOX-Formel: Auf 5 vegetarische Tage pro Woche folgen zwei vegane Detox-Tage.

Mit unseren von Ernährungsberatern geprüften bunten VETOX-Rezepten ist Nährstoffmangel (und fades Essen) kein Thema. Isst du nach VETOX, bist du optimal mit allen wichtigen Nährstoffen, Vitaminen und Mineralien versorgt. Plus: Unsere VETOX-Nährstoffhacks sorgen dafür, dass dein Körper die Nährstoffe aus den Zutaten bestmöglich verarbeiten kann.

Meal Prep nach dem VETOX-Prinzip: Dein unschlagbares Power-Duo!

- **Du musst ab sofort keinen Gedanken mehr an Essensplanung verschwenden!** Denn das nehmen wir dir komplett ab. Rezeptauswahl, VegPrep-Plan, Einkaufsliste und optimale Nährstoffversorgung? Das geht alles auf uns!

- **Du sparst Zeit, Geld, Ressourcen und Energie!** Mit VegPrep nach VETOX holst du den Wohlfühlfaktor in deine Mahlzeiten zurück. Koch-Stress nach Feierabend und Lebensmittelverschwendung waren gestern.

- **Du erreichst deine Ernährungs-Goals!** Auf unser Support-System kannst du dich immer verlassen. Die vetox.de-Plattform ist dein motivierender und digitaler Ernährungsberater und enthält alles, was das grüne Herz begehrt.

Startklar? Dann kann es jetzt losgehen!

Das ist das VegPrep-Prinzip

Mit unseren erprobten Tricks (die du übrigens nur bei uns findest!) klappt Meal Prep im Alltag ohne Mehraufwand und mit effektiver Zeitersparnis. Deshalb sind wir uns sicher: Hältst du dich an die sieben goldenen VETOX-VegPrep-Regeln, wird der bunte Feel-Good-Eat-Good-Lifestyle **so simpel, unkompliziert und lecker wie noch nie**. Denn wir haben wahnsinnig viel Arbeit in dieses Buch gesteckt und mit unseren Erfahrungen aus drei Jahren pflanzenbasiertem Ernährungsalltag angereichert, um dir den Einstieg in die VETOX-Ernährung mit unserem Done-For-You-VegPrep-Konzept maximal zu erleichtern.

Die VETOX-VepPrep-Rezepte sind deshalb garantiert ...

- **... gesund:** Jedes Rezept, das es in dieses Buch geschafft hat, hat einen aufwendigen Konzeptionsprozess hinter sich. Gemeinsam mit Foodblogger*innen und kompetenten Ernährungsexpert*innen entwickelt sowie von einer unabhängigen Ernährungsberaterin geprüft, liefern unsere alltagstauglichen Fit-Meals dir alle wichtigen Nährstoffe, verdienten Wohlfühl-Genuss und bunte Veggie-Vielfalt.

- **... schnell zubereitet:** VegPrep mit VETOX bedeutet nicht, dass du dein Wochenende beim Schneiden von 2 Kilo Zwiebeln weinend in der Küche verbringen musst. Ganz im Gegenteil: Mit unseren Rezepten bist du in 15 bis 30 Minuten fertig – und hast tagelang etwas davon!

- **... länger haltbar:** Wir haben alle Rezept-Komponenten auf ihre VegPrep-Tauglichkeit ausgewählt. Deshalb enthalten unsere Rezepte nur Zutaten und Mahlzeiten, die sich für einen Ausflug in Gefrier- und Kühlschrank eignen – ohne Abstriche bei den Aspekten Optik, Konsistenz und Nährstoffgehalt.

- **... auch aufgewärmt superlecker:** Gehen wir eine Wette ein? Niemand, der sich durch unsere bunte VETOX-Küche gekocht hat, wird jemals wieder behaupten, Meal Prep sei doch nur ein fancy Begriff für aufgewärmtes Reste-Essen. Mit unserem Real-Life-VegPrep-Konzept wirst du es kaum erwarten können, nach Feierabend deine hausgemachten Kreationen zu genießen!

Unsere 7 goldenen Regeln rund um das Vorkochen

Nun soll es aber wirklich losgehen. Damit dein VegPrep-Erlebnis so stressfrei und smooth wie möglich verläuft, haben wir das, worauf es ankommt, in sieben easy Steps auf den Punkt gebracht. Befolgst du unsere erprobten Tipps und Tricks, wird VegPrep zum nachhaltigen Kinderspiel.

1. Gut geplant ist halb gepreppt: Plane einen festen Einkaufs- und Planungstag ein! Wir übernehmen mit diesem Buch die Einkaufsliste und Wochenplanung, du musst nur noch das Shopping erledigen. Mit etwas Übung kannst du deiner Kreativität in Zukunft aber auch freien Lauf lassen und den beigelegten Blankoplan mit eigenen VegPrep-Ideen füllen. Oder die Rezepte nach dem Mix-and-Match-Prinzip so einplanen, wie es dir Spaß macht. Auf noch etwas kommt es an: Nutze diesen selbst gewählten Tag effizient für einen Kickstart in deine VegPrep-Woche, indem du etwas Zeit für die nun folgenden Punkte einplanst.

2. **Der Lichtblick im Alltagstrott: Bereite das Frühstück für zwei bis drei Tage vor!**
Vormittags an Werktagen bist du so im Stress, dass es meist beim klassischen Kaffee to go und einem atemlosen Zwischenstopp beim Bäcker bleibt? Oder bist du ein Gewohnheitstier und isst zwar zu Hause, aber seit Jahren aus Mangel an Inspiration das immer gleiche Früchtemüsli aus dem Bioladen? Wie auch immer: Ab sofort erwartet dich dein Kühlschrank morgens mit einem selbst gemachten, vitaminreichen Power-Frühstück, das du problemlos auch einfach einpacken kannst, wenn dir die Zeit für das Essen zu Hause fehlt. Damit das klappt, genügt es, alle paar Tage wenige Minuten zu investieren. Starte damit an deinem festgelegten Planungstag. Wie easy das geht, liest du bei Punkt 4!

3. **Lunch & Dinner for Three: einmal kochen – dreimal essen!**
Mittwoch, 12:30 Uhr, ein typischer Tag im Büro. Bis jetzt warst du superproduktiv. Doch in diesem Moment erreichst du regelmäßig den Punkt, an dem dein Magenknurren einfach lauter ist als deine innere Stimme, die dich verzweifelt an deine Ernährungs-Goals erinnert. Die Folge? Bevor du dich versiehst, bist du auf dem Weg zum Schnellimbiss um die Ecke – das schlechte Gewissen hinterher inklusive. Wer dir in solchen Situationen in Zukunft garantiert zur Seite steht? Du! Das hast du richtig gelesen. Ernährst du dich nach dem VegPrep-Prinzip, darfst du dich ab jetzt täglich über deinen bunten, sättigenden Büro-Lunch freuen. Wenn du unsere goldenen Meal-Prep-Regeln anwendest, kochst du ab jetzt einmal, isst aber dreimal! Wie das geht? Eine Portion genießt du direkt nach der Zubereitung am Abend, eine kommt in den Kühlschrank und sichert dir dein Mittagessen am nächsten Tag und eine wird als zukünftiges Feel-Good-Fast-Food vorerst auf Eis gelegt (darf also in den Gefrierschrank). Und damit sieht dann auch deine Mittagspause wieder viel rosiger aus: Hausgemachtes Fit-Meal aufwärmen, gut gelaunt und ohne schlechtes Gewissen deine sättigende und gesunde Mahlzeit genießen.

4. **Lang lebe das Multitasking: Minimiere deine Prep-Zeit und nutze Wartezeiten effektiv!**
Während der Tomaten-Zucchini-Auflauf im Ofen vor sich hin brutzelt oder die vegane Pizzasuppe ihr Aroma in der Küche verbreitet, hast du mehrere Möglichkeiten. Erstens: Deine Füße hochlegen. Zweitens: dir die letzten zehn Minuten deiner Lieblingsserie anschauen, die du gestern verpasst hast. Oder drittens: In unter fünf Minuten die Zutaten für die Frühstücksbowl, deinen wöchentlichen Snack oder deinen erfrischenden Smoothie vorbereiten – und danach auf die Punkte 1 und 2 zurückkommen.

5. **Anti-Aging für Früchte: Preppe Smoothie-Zutaten und friere sie portionsgerecht ein!**
Selbst gemixte Smoothies sind das beste Mittel gegen Nachmittagstief und Feierabend-Blues. Probiere es aus, denn die Nährstoff- und Vitaminbomben sind echte Gute-Laune-Garanten. Doch dafür gibt es zwei Voraussetzungen: frische Zutaten und die richtige Lagerung. Beides geht ganz easy. Verarbeitest du dein Lieblingsobst auf dem Gipfel seiner Freshness, kannst du von den maximalen Nährstoff-Benefits der Pflanzen-Power profitieren. Das geht auf zwei Arten, entweder indem du es zerkleinerst und luftdicht verpackt einfrierst oder indem du es direkt zum Smoothie mixt.

6. Balsam für die Seele: Bereite deinen Wochensnack vor!

Leidenschaftliche Krümelmonster und Naschkatzen bitte aufgepasst: Eure Snack-Time ist im VegPrep-Konzept fest eingeplant. Denn ehrlich gesagt, können auch wir auf unsere tägliche Portion Cookies absolut nicht verzichten. Warum sollten wir das überhaupt? Süßes Soul-Food geht schließlich auch grün, nährstoffreich und ohne schlechtes Gewissen. Befüllst du deine Snackdose an deinem Planungstag mit einem soliden Nachschub an selbst gebackenen Leckereien, fällt es dir außerdem viel leichter, unter der Woche auf Convenience-Food mit seinen Zucker-, Fett- und Kalorienfallen zu verzichten.

7. One-Bowl-Hack: volle Materialersparnis voraus!

Du hast keine Lust, dich wegen Meal Prep nun um dreimal so viel Abwasch zu kümmern wie sonst? Wir auch nicht! Stichwort: Nachhaltigkeit! Welchen praktischen Trick wir nutzen, um weniger Wasser, weniger Energie und weniger Utensilien zu verwenden (und uns vor zu viel Abwasch zu drücken)? Wir machen alles direkt in einer Meal-Prep-Dose, wenn möglich. Zum Beispiel so: Salate direkt in die Box schnippeln, Deckel drauf und Ende Gelände.

Dein Startschuss ins Happy Green Life

Haben wir dich überzeugt? Mit unserem Rundum-Sorglos-VegPrep-Konzept und den sieben goldenen VegPrep-Regeln bist du optimal ausgerüstet, um ab sofort dein gesünderes, leichteres, grüneres und glücklicheres Leben zu genießen. Lass dich von unseren Green Vibes mitreißen und hole dir durch nährstoffreiches, stressfreies Meal Prep den Wohlfühl-Faktor in deine Woche zurück! Willkommen im Team VETOX – und im grünen Universum von vetox.de!

Dein VegPrep-Kochbuch – auch unterwegs immer mit dabei!

Wann gesunde Ernährung meist besonders schwerfällt? Richtig, wenn du nicht Zuhause bist! Damit du auch von unterwegs immer auf die leckeren VegPrep-Rezepte zugreifen kannst, haben wir uns einen ganz besonderen Service für dich überlegt: Über den QR-Code kannst du dir alle Rezepte kostenlos als PDF herunterladen!

Welche Lebensmittel eignen sich für VegPrep?

Das ist die goldene Frage. Worauf es dabei ankommt? Auf die Auswahl von Lebensmitteln, die auch nach einem Zwischenstopp in Kühl- oder Gefrierschrank noch sexy Frische-Vibes versprühen und Lust aufs Anbeißen machen.

Diese Lebensmittel halten sich auch zubereitet länger und sind wie gemacht für VegPrep

Meal-Prep-Lebensmittel	Facts	Haltbarkeit (im Kühlschrank)
Hülsenfrüchte	Zubereitete Kichererbsen, Lupinen, Linsen und Co. punkten durch ihren hohen Gehalt an pflanzlichem Eiweiß und Ballaststoffen. Wetten, dass unsere Lupinen-Bolognese am nächsten Tag sogar noch besser schmeckt?	3 bis 5 Tage
Kartoffeln	Diese VegPrep-tauglichen Sattmacher sind vollgepackt mit wichtigen B-Vitaminen sowie Kalium und Vitamin C.	4 Tage
Süßkartoffeln	Einer unserer Favoriten! Die gesunde Knolle ist als echtes Beauty-Food, reich an zellschützenden Antioxidantien wie Vitamin A und Vitamin E	3 bis 5 Tage
Vollkornpasta, Bulgur, Reis und Hirse	Als ideale VegPrep-Grundlage für Salate und schnelle Pfannengerichte sorgen diese Getreide für Abwechslung und verhindern Heißhungerattacken.	Gekochter Reis: 2 Tage Hirse und Pasta: 3 Tage Bulgur bis zu 4 Tage
Haferflocken	In Form von abwechslungsreichen Overnight Oats oder Porridge kannst du mit diesem Fitness-Food jeden Morgen das „Easy Like Sunday Morning"-Feeling genießen.	5 Tage
Buntes Gemüse	Zubereitete Mahlzeiten mit Möhren, Zucchini, Aubergine sowie Kürbis, Brokkoli und Paprika sind auch Tage später noch großartige Vitaminbomben. Plus: Gerichte mit diesen Feel-Good-Veggies schmecken kalt und aufgewärmt!	3 bis 7 Tage

VegPrep-Tipp: Lege dir einen Mini-Vorrat aus den oben genannten Must-haves an. Hast du Haferflocken, Hülsenfrüchte (Dose geht auch!), etwas Obst und Gemüse der Saison sowie Reis, Bulgur oder Vollkornpasta im Haus, kannst du auch dann „Meal Preppen", wenn Einkaufen einmal nicht in deinen Plan passt.

VegPrep-Hacks: Was du bei schnell verderblichen Lebensmitteln beachten solltest!

- Spinat kann vorgekocht werden, wenn du diese Punkte beachtest: Den Spinat möglichst schnell verarbeiten und nach der Verarbeitung nicht mehr als einmal aufwärmen. Denn es enthält Nitrat, das bei Zimmertemperatur von Bakterien in gesundheitsschädliches Nitrit umgewandelt werden kann. Tipp: Wasche Spinat vor der Zubereitung gründlich – denn Nitrat ist wasserlöslich.

- Zubereitete Pilze nicht wieder erwärmen. Sie haben einen hohen Gehalt an Wasser und Proteinen. Das macht sie zu einem idealen Nährboden für gesundheitsschädliche Mikroorganismen. Deshalb: Lieber sofort nach der Zubereitung essen. Dieses Kochbuch enthält keine Rezepte mit Pilzen.

- Überreife Bananen als fantastische Basis für Smoothies und Co. nutzen. Verlängere ihre Haltbarkeit auf zwei Monate, indem du sie schälst und entweder im Ganzen oder in Stücken einfrierst.

- Avocado-Fruchtfleisch vor dem Braunwerden bewahren. Beträufele es mit ein paar Spritzern Zitronensaft und bewahre die Avocado in einer luftdichten Box im Kühlschrank auf. Achtung: Der TikTok- und Instagram-Trend, Avocados im Kühlschrank in eine Box mit Wasser zu legen und sie dadurch haltbarer zu machen, ist leider nicht zu empfehlen. Die Avocados bleiben zwar tatsächlich etwas länger frisch, allerdings ist der lange Aufenthalt in Wasser eine perfekte Brutstätte für Bakterien und Keime.

- Kräuter wie Koriander, Dill, Petersilie oder Minze zwei Wochen länger frisch halten. Stelle sie einfach in einem Gefäß mit etwas Wasser in den Kühlschrank. Alternativ kannst du sie auch zerkleinern und portionsweise einfrieren – z. B. im Eiswürfelbehälter deines Gefrierfachs. Einfach in die Form geben und mit etwas Wasser oder Olivenöl bedecken. Die Kräuterwürfel dann bei Bedarf direkt im gefrorenen Zustand ins Essen geben und kurz mitgaren lassen.

- Nüsse einfrieren. Sie enthalten viele gesunde Fette und können deshalb bei Raumtemperatur schnell ranzig werden. Frierst du sie ein, bleiben sie bis zu einem Jahr frisch.

VegPrep-Utensilien: Mit dieser Grundausstattung wirst du zum Prep-Profi!

Neben dem richtigen pflanzlichen Power-Food kommt es beim VegPrep auf zwei Aspekte an: hygienische Zubereitung und die Verwendung smarter, nachhaltiger Utensilien. Beginnen wir mit Letzterem.

Vorteile von Glasbehältern fürs VegPrep

- Auslaufsicheres Glas eignet sich genauso hervorragend für das luftdichte Einfrieren deiner Mahlzeiten wie für das Erhitzen im Ofen.

- Sie sind spülmaschinenfest, plastikfrei, langlebig und wiederverwendbar.

- One-Bowl-Hack für Materialersparnis: Bereite deine Mahlzeit direkt in dem Glasbehälter vor, in dem du sie aufbewahren möchtest.

VegPrep-Tipp: Glasbehälter sind unser klarer Favorit für grünes Prepping. Entscheidest du dich für Varianten mit Bambus- oder Glasdeckel, freut sich die Umwelt umso mehr.

Das sind die Vor- und Nachteile weiterer Aufbewahrungsarten

- **Edelstahl:** Dieser robuste, bruchsichere Küchen-Klassiker ist aufgrund seiner glatten Oberfläche besonders hygienisch – Keime können sich darauf schlecht vermehren. Weitere Vorteile: Edelstahl ist geruchs- und geschmacksneutral, zum Einfrieren geeignet und spülmaschinenfest.

- **Weizenstroh, Holz und Co:** Was die Nachhaltigkeit betrifft, bekommen diese Naturmaterialien auf jeden Fall den grünen VETOX-Oskar. Sie sind schadstofffrei, biologisch abbaubar und eignen sich als Leichtgewichte ideal zum Mitnehmen. Das Manko: In der Regel sind sie weder ofen- noch spülmaschinenfest und nicht zum Einfrieren geeignet.

- **Plastik:** Vorratsdosen aus Plastik sind günstig, leicht und meist auslaufsicher. Du kannst Mahlzeiten in Plastikdosen einfrieren und easy transportieren. Das riesige Aber: Für die Umwelt ist das Material Plastik ein absoluter Albtraum. Gleiches gilt für unsere Gesundheit, wenn der hormonell wirksame Weichmacher Bisphenol A (BPA) enthalten ist.

Die 4 Grundlagen für hygienisches VegPrep und lange Haltbarkeit

1. Wasche dir vor dem Kochen gründlich die Hände. Reinige verwendete Utensilien (wie Messer, Schneidebretter usw.) sowie die Arbeitsfläche nach jeder Benutzung mit warmem Wasser und Spülmittel.

2. Säubere Obst und Gemüse gründlich unter fließendem Wasser und reibe es trocken, bevor du es schälst und/oder zerkleinerst.

3. Benutze jedes Mal einen sauberen Löffel, wenn du das Essen während der Zubereitung probieren möchtest, um einer Bakterienvermehrung vorzubeugen.

4. Mache kurzen Prozess. Heißt: Zubereitete Mahlzeiten möglichst schnell bei Raumtemperatur abkühlen lassen und dann direkt in Kühl- oder Gefrierschrank stellen. Erhitze deine gepreppten Mahlzeiten außerdem schnell und bei hohen Temperaturen, so verhinderst du die Vermehrung krank machender Keime.

Unsere Buttons kurz erklärt:

1–2 Tage haltbar
Rezepte, die diesen Button tragen, kannst du nach der Zubereitung noch ein bis zwei Tage aufbewahren und verzehren. Achte unbedingt darauf, ob das Rezept auch einen Kühlschrank-Button trägt, dann hält sich dein köstlich-gesundes Meal-Prep-Gericht nämlich nur ein bis zwei Tage im Kühlschrank frisch. Wenn dein Gericht mal länger im Kühlschrank verweilt, weil du morgens vor lauter Stress dein Essen vergessen hast, mach einfach den Geruchs- und den Geschmackstest. Wenn du keine Geruchs- oder Geschmacksveränderungen feststellst, kannst du beherzt zugreifen.

2–3 Tage haltbar
Rezepte mit diesem Button kannst du sogar problemlos zwei bis drei Tage lagern, nachdem du sie zubereitet hast. Achte jedoch auch hier wieder darauf, ob das Gericht im Kühlschrank gelagert werden muss.

bis zu eine Woche haltbar
Rezepte mit diesem Button sind meist mit vielen Trockenprodukten zubereitet, daher lassen sie sich auch nach der Zubereitung besonders lange lagern. Auch hier kannst du nach Ablauf der sieben Tage mit einem Geruchs- oder Geschmackstest feststellen, ob das Gericht noch genießbar ist. So produzierst du auch weniger Müll und setzt ein deutliches Zeichen gegen die Lebensmittelverschwendung.

Aufbewahrung im Kühlschrank
Diese Gerichte möchten gern kühl gelagert werden. Rezepte mit Salat oder anderen Lebensmitteln mit dünnen Zellstrukturen solltest du eher im oberen Teil des Kühlschranks lagern, dort herrschen milde 8 Grad. Andere Gerichte wie Suppen oder Nudelgerichte kannst du auch in den unteren Kühlschrankzonen bei ca. 5 bis 2 Grad lagern.

Tiefkühler
Dieser Button zeigt an, dass du dein Meal-Prep-Gericht ohne Probleme einfrieren kannst, weil das Einfrieren die Produktbeschaffenheit oder auch die Zellstruktur der enthaltenen Lebensmittel nicht verändert. Achte bei der Zubereitung auf saubere Behälter, dann hast du sogar 2-3 Monate etwas von deinem leckeren Gericht! Du willst dein Gericht schon am nächsten Tag verzehren? Dann reicht auch die Aufbewahrung im Kühlschrank aus. Achte dann unbedingt auf den Haltbarkeits-Button.

Aufbewahrung in der Keksdose
Diese Snacks sind weder besonders wärme- noch luftempfindlich, daher kannst du sie getrost in Omas schönster Keksdose oder einer luftdichten Glas- oder Metalldose aufbewahren.

unter 15 Minuten Zubereitung
Du hast abends noch ein heißes Date, hast noch einen Haufen Arbeit zu erledigen oder möchtest einfach nur das schöne Wetter genießen? Wenn es mal schnell gehen muss, dann achte auf Rezepte, die diesen Button tragen. 15 Minuten später bist du schon wieder raus aus der Küche und kannst dich an deiner gewonnenen Zeit erfreuen.

Frühstück
vegetarisch

Fit in den Tag mit dem Overnight-Bircher-Müsli	22
Rohes Buchweizen-Porridge mit Himbeeren und Kokos	23
Hafer-Müsli-Muffins mit Kürbiskernen	25
Porrigdegrundrezept mit heißen Beeren	27
Overnight Oats mit Kiwi	29
Glutenfreie Körner-Sonntagsbrötchen	31
Gebackener Himbeer-Kokos-Traum	33
Gersten-Haferflocken-Granola mit Walnüssen, Mandeln, Paranüssen und Schokolade	35
Erfrischende Orangen-Smoothie-Bowl	37
Kakao-Kirsch-Porrigde	39
Overnight Cookie Dough Oats	40
Overnight-Tiramisu im Glas	41
Chai-Porridge mit karamellisierten Walnüssen	43
Chia-Schoko-Pudding mit Himbeeren	45

Frühstück vegetarisch

Fit in den Tag mit dem Overnight-Bircher-Müsli

Für 1 Portion benötigst du:

50 g Haferflocken (fein)
250 ml Milch
1 Apfel
20 g Walnüsse
1 EL Rosinen
2 EL Joghurt

Benötigte Utensilien:
1 Müslischüssel, 1 Löffel,
1 Küchenwage, 1 Messbecher,
1 Gemüsereibe, Schneidebrett,
Küchenmesser, Esslöffel

Zubereitung: 40 Minuten

Gesünder kannst du fast nicht in den Tag starten. Bircher Müsli ist nicht nur unfassbar schnell gemacht, sondern schmeckt ein bis zwei Tage später sogar noch besser – so haben auch die grimmigsten Morgenmuffel einen guten und energiegeladenen Start in den Tag.

1. Verrühre die Haferflocken mit der Milch in einer Schüssel.

2. Wasche den Apfel, entferne das Kerngehäuse, rasple ihn mit der Gemüsereibe und gebe die groben Raspel zu den Haferflocken und der Milch. Hacke die Walnüsse grob und verteile sie anschließend zusammen mit den Rosinen auf dem Bircher Müsli. Stelle es für mindestens eine halbe Stunde (oder über Nacht) im Kühlschrank kalt. Je länger du dein Müsli quellen lässt, umso zarter und cremiger wird es.

3. Rühre das Gemisch noch ein letztes Mal gründlich um und garnierst es mit 1 EL Naturjoghurt – so bekommt es den letzten Touch perfekte Cremigkeit.

 VETOX Tipp: Für mehr Abwechslung auf dem Frühstückstisch kannst du einfach mit verschiedenen Gewürzen experimentieren. Versuche doch mal etwas Vanille für den süßen Kick oder etwas Zimt in der kalten Jahreszeit. So kannst du ganz einfach neue Geschmackserlebnisse kreieren.

Nährwerte: 656 Kalorien, 20 g Eiweiß, 80 g Kohlenhydrate, 10 g Ballaststoffe, 28 g Fett
Besonders reich an: Vitamin B1, B2, B6, C, E, K, Calcium, Magnesium, Zink

Frühstück | **vegetarisch**

Rohes Buchweizen-Porridge mit Himbeeren und Kokos

Porridge muss nicht immer gekocht sein. Diese leckere Alternative musst du nicht erhitzen, sondern nur etwas quellen lassen.

1. Wasche die Himbeeren und gib alle Zutaten bis auf die Maracuja und die Kokosflocken in den Mixer. Mixe, bis eine glatte Masse entsteht und gib sie dann in eine Schale. Lass dein Porridge für 10 Minuten quellen.
2. Halbiere die Maracuja und entnehme die Kerne mit einem Löffel. Diese verteilst du auf deinem Porridge. Die Kokosflocken streust du darüber und schon kannst du loslöffeln.

Für 1 Portion benötigst du:

2 Medjool Datteln
100 g Himbeeren (frisch)
1 Maracuja
40 g Buchweizen
1 EL Chiasamen
1 EL Kokosflocken
1 TL Heidelbeerpulver
100 g Joghurt 1,5 %
1 TL Apfelessig

Benötigte Utensilien:
1 Mixer, 1 Schneidebrett,
1 Küchenmesser, 1 Löffel,
1 Schale

Zubereitung: 15 Minuten

 VETOX Tipp: *Du kannst das Rezept perfekt vorbereiten und über Nacht quellen lassen. Durch das Quellen werden die Vitamine und Mineralstoffe leichter absorbierbar für deinen Körper.*

Nährwerte: 551 Kalorien, 13 g Eiweiß, 77 g Kohlenhydrate, 14 g Ballaststoffe, 19 g Fett
Besonders reich an: Vitamin B2, B6, C, E, K, Magnesium, Zink, Eisen

Nährwerte pro Muffin: 161 Kalorien, 4 g Eiweiß, 21 g Kohlenhydrate, 3 g Ballaststoffe, 6 g Fett
Besonders reich an: Vitamin B1, B2, B6, C, E, K, Calcium, Magnesium, Zink, Eisen

Hafer-Müsli-Muffins mit Kürbiskernen

Dieses Frühstück braucht zwar einen Moment länger, dafür machen wir direkt die vierfache Portion auf einmal, sodass du direkt ein leckeres und gesundes Frühstück für die nächsten Tage hast.

1. Den Backofen auf 180 Grad (Ober- und Unterhitze) vorheizen und ein Muffinblech mit den Muffinförmchen auslegen. Bananen schälen und mit der Gabel in einer Schüssel zerdrücken. Mit allen anderen Zutaten bis auf die Erdbeeren vermengen, bis ein glatter Teig entsteht.
2. Den Teig in den Muffinförmchen verteilen und die Erdbeeren auf die Oberseite drücken. Für 15 bis 20 Minuten goldbraun backen, aus dem Ofen nehmen und genießen.

Für 1 Portion (das entspricht 10 Muffins) **benötigst du:**

2 Bananen
30 g gefriergetrocknete Erdbeeren
100 g Mehl
100 g Haferflocken
4 EL Leinsamen
50 g Kürbiskerne
200 ml Milch 1,5 %
1 TL Backpulver
4 EL Kokosöl
2 EL Honig
1 Prise Zimt
1 Prise Salz

Benötigte Utensilien: Backofen, 1 Gabel, 1 Schüssel

Zubereitung: 30 Minuten

VETOX Tipp: *Gefriergetrocknete Erdbeeren findest du oftmals im Drogeriemarkt oder Online. Alternativ kannst du die Muffins auch mit Kürbiskernen garnieren oder das Topping einfach weglassen.*

Nährwerte: 499 Kalorien, 20 g Eiweiß, 67 g Kohlenhydrate, 16 g Ballaststoffe, 16 g Fett
Besonders reich an: Vitamin B1, B2, Vitamin E, Vitamin K, Calcium, Magnesium, Zink, Eisen

Frühstück vegetarisch

Porrigdegrundrezept mit heißen Beeren

Der wohltuende, warme Frühstücksklassiker kommt heute mit Beeren und Saaten daher. Wir lieben die Kombi aus süßsauren Beeren, knackigen Saaten und cremigem Porridge. du auch?

1. Erhitze in einem Topf Haferflocken mit Milch, Ahornsirup, Chiasamen, Zimt und Salz und lasse das Ganze für 5 Minuten köcheln. Gib das Porridge dann in eine Schale.
2. Erhitze die Beeren mit dem Wasser im Topf und rühre so lange um, bis die Beeren zerfallen und heiß sind. Gib sie auf dein Porridge.
3. Schütte Kürbiskerne, Leinsamen und Kokosblütenzucker in die Pfanne und erhitze alles. Warte, bis der Zucker flüssig wird, rühre dann schnell um und nimm die Pfanne vom Herd.
4. Garniere das fertige Porridge mit den Saaten, schnapp dir einen Löffel und fertig!

Für 1 Portion benötigst du:

150 g gemischte Beeren (TK)
50 g Haferflocken
1 EL Chiasamen
1 EL Kürbiskerne
1 EL Leinsamen
1 EL Kokosblütenzucker
200 ml Milch 1,5 %
30 ml Wasser
1 EL Ahornsirup
1 Prise Zimt
1 Prise Salz

Benötigte Utensilien:
1 Topf, 1 Pfanne

Zubereitung: 10 Minuten

VETOX Tipp: Kokosblütenzucker hat weniger Kalorien als Industriezucker, auf die kleine Menge ist das aber kaum relevant. Wenn du also keinen Kokosblütenzucker zur Hand hast, benutze braunen Zucker oder einfach etwas mehr Ahornsirup.

Nährwerte: 502 Kalorien, 19 g Eiweiß, 58 g Kohlenhydrate, 12 g Ballaststoffe, 21 g Fett
Besonders reich an: Vitamin B1, B2, C, E, K, Calcium, Magnesium, Zink, Eisen

Frühstück **vegetarisch**

Overnight Oats mit Kiwi

Vitamin K-Booster: Dieses leckere Frühstücksgericht ist das sommerliche Pendant zu warmem Porridge. Es lässt sich prima ins Büro oder für unterwegs mitnehmen. Du kannst es einfach abends vorbereiten und dann am nächsten Morgen einpacken und hast so ein Frühstück, was nahezu vollständ deinen täglichen Vitamin-K-Bedarf abdeckt.

1. Schäle die Kiwi und schneide sie in Scheiben. Wasche den Blattspinat und gib ihn zusammen mit der Milch in einen Mixer. Mixe beides, bis eine cremige Masse entsteht.
2. Mische Haferflocken, Spinatmilch, Mandeln und Pistazien in einer Schale. Gib anschließend die Kiwischeiben und die Gewürze sowie den Honig obendrauf und stelle deine Schale in den Kühlschrank.
3. Lasse alles über Nacht quellen. Am Morgen kannst du deine leckeren und nährstoffreichen Overnight Oats direkt aus dem Kühlschrank essen oder zur Arbeit mitnehmen.

Für 1 Portion benötigst du:

1 Kiwi
1 Handvoll Blattspinat
150 ml Milch
60 g Haferflocken (fein)
10 g Mandeln
10 g Pistazien

Benötigte Utensilien:
1 Schale, 1 Schneidebrett,
1 Küchenmesser, Mixer

Zubereitung: 15 Minuten

VETOX Tipp: *Wusstest du, dass du Kiwi auch mit Schale essen kannst? Die meisten Vitamine stecken direkt unter der Schale, viele mögen die Schale aber nicht. Probiere es einfach aus und lasse es dir schmecken!*

Nährwerte: 470 Kalorien, 26 g Eiweiß, 20 g Kohlenhydrate, 6 g Ballastoffe, 32 g Fett
Besonders reich an: Vitamin B1, B2, B6, B12, E, Magnesium, Zink

Frühstück **vegetarisch**

Glutenfreie Körner-Sonntagsbrötchen

Glutenfrei und Brötchen passen deiner Meinung oder Erfahrung nach nicht zusammen? Dann musst du diese glutenfreien Körner-Sonntagsbrötchen ausprobieren! Das Klischee ist definitiv überholt!

1. Den Backofen auf 180 Grad (Ober- und Unterhitze) vorheizen und ein Backblech mit Backpapier zur Seite legen. Flohsamenschalen, geschrotete Leinsamen, Sonnenblumenkerne, Sesam, Walnüsse, Mandelmehl, Buchweizenmehl, Backpulver und Salz in einer Schüssel miteinander vermischen. Nun das Ei, Magerquark, Apfelessig und Ahornsirup unterrühren und zu einem Teig vermischen.
2. Aus dem Teig etwa gleich große Brötchen formen und auf das Backblech setzen. Für 15 bis 20 Minuten goldbraun backen.

Für 1 Portion benötigst du:

15 g Flohsamenschalen
15 g Leinsamen geschrotet
15 g Sonnenblumenkerne
1 TL Sesam
1 EL Walnüsse
10 g Mandelmehl
1 TL Buchweizenmehl
1/2 TL Backpulver
Salz
1 Ei
50 g Magerquark
1/2 TL Apfelessig
1/2 TL Ahornsirup

Benötigte Utensilien:
1 Backblech mit Backpapier,
1 Schüssel, 1 Löffel

Zubereitung: 5 Minuten

Nährwerte für 1 Scheibe: 212 Kalorien, 6 g Eiweiß, 20 g Kohlenhydrate, 5 g Ballaststoffe, 12 g Fett
Besonders reich an: Vitamin B1, B2, B6, B12, C, E, K, Calcium, Magnesium, Zink, Eisen

Frühstück **vegetarisch**

Gebackener Himbeer-Kokos-Traum

Wusstest du, dass in Seealgen viel Jod steckt? Tatsächlich finden wir dieses wichtige Spurenelement aber auch in ganz normalem Vollkornmehl sowie in Milchprodukten und somit auch in diesem köstlichen Brot. Jod ist wichtig für unseren Stoffwechsel.

1. Heize den Backofen auf 180 Grad (Ober- und Unterhitze) oder 160 Grad (Umluft) vor. Schneide das Backpapier zurecht und kleide die Kastenform damit aus.
2. Gib Mehl, Zucker, Magerquark, Kokosöl, Wasser und Backpulver in die Schüssel. Schlage dann das Ei dazu und verrühre alles 1 Minute mit dem Handmixer zu einer cremigen Masse.
3. Wasche die Himbeeren. Hebe sie dann zusammen mit den Kokosraspeln unter den Teig und fülle den Teig in die vorbereitete Kastenform.
4. Backe das Brot für 35 Minuten. Nimm es heraus und schneide es in 8 Scheiben.
5. Gib je 2 der Scheiben auf einen Teller und je 1 Esslöffel Mandelmus darauf. Lass es dir schmecken!

Für 1 Portion (das entspricht 8 Scheiben) **benötigst du:**

200 g Himbeeren (frisch)
200 g Vollkornmehl
50 g Kokosraspeln
2 EL brauner Zucker
1 Ei
50 g Magerquark
40 ml Kokosöl
2 EL Mandelmus
1/2 TL Backpulver

Benötigte Utensilien:
1 Küchenmesser,
1 Schneidebrett,
1 Schüssel groß, 1 Backblech mit Backpapier, Backofen

Zubereitung: 45 Minuten

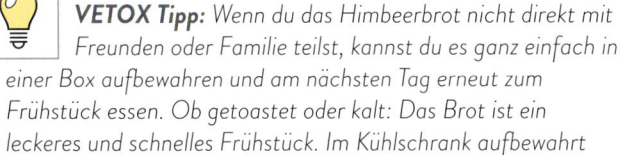

VETOX Tipp: *Wenn du das Himbeerbrot nicht direkt mit Freunden oder Familie teilst, kannst du es ganz einfach in einer Box aufbewahren und am nächsten Tag erneut zum Frühstück essen. Ob getoastet oder kalt: Das Brot ist ein leckeres und schnelles Frühstück. Im Kühlschrank aufbewahrt hält sich das Brot 4 Tage.*

Nährwerte: 469 Kalorien, 11 g Eiweiß, 37 g Kohlenhydrate, 5 g Ballaststoffe, 34 g Fett
Besonders reich an: Vitamin E, K, Magensium, Zink

Frühstück **vegetarisch**

Gersten-Haferflocken-Granola mit Walnüssen, Mandeln, Paranüssen und Schokolade

Ein wahrer Kalium-Booster: selbst gemachtes Müsli, wer liebt es nicht? Und wenn es dann noch knuspriges Granola ist, ein Traum! Unser Knusper-Müsli ist auch ein hervorragender Kalium-Lieferant. Zusammen mit Gerste, Nüsse und dunkler Schokolade lässt sich so perfekt in den Tag starten.

1. Den Backofen auf 180 Grad (Ober- und Unterhitze) vorheizen. Ein Backblech mit Backpapier auslegen. Die Mandeln, Walnüsse und Paranüsse grob zerhacken und in eine große Schüssel füllen. Eine Prise Salz, Haferflocken, Gerstenflocken, Öl und Ahronsirup dazugeben und so lange verrühren, bis alles gut miteinander vermischt ist.

2. Granola auf das Backblech geben und glatt verstreichen. Für 10 Minuten goldbraun backen. In der Zwischenzeit die dunkle Schokolade grob hacken. Sobald das Granola komplett abgekühlt ist, die Schokolade unterheben und mit einer Milch deiner Wahl genießen.

Für 1 Portion benötigst du:

10 g Mandeln
10 g Walnüsse
10 ml Ahornsirup
5 g Paranüsse
20 g Haferflocken (fein)
10 g Gerstenflocken
1 EL Kokosöl
15 g dunkle Schokolade
50 ml Milch
Salz

Benötigte Utensilien:
1 Küchenmesser,
1 Schneidebrett, 1 Schüssel groß,
1 Backblech mit Backpapier

Zubereitung: 12 Minuten

Mit Ballaststoffen gegen Müdigkeit: Wenn ich Müsli, Overnight Oats oder auch Porridge am Vorabend zubereitet habe, nehme ich es mir einfach mit ins Studio, denn ohne eine gute Ballaststoff-Versorgung am Morgen geht der Blutzuckerspiegel schnell in den Keller. Ich merke das am Nachmittag oft, wenn ich nicht gut gegessen habe. Zuerst habe ich Heißhunger auf etwas Süßes, das macht mich für kurze Zeit wacher, aber dann kommt der Schlag im Anschluss umso härter. Mit einer guten Sättigung von einer ballaststoffreichen Mahlzeit bleibt man produktiv, wach und leistungsstark.

 VETOX Tipp: *Keine Gerstenflocken gefunden? Suche im Super- oder Drogeriemarkt einfach nach kernigen Hafer- oder 4-Korn-Flocken.*

Nährwerte: 387 Kalorien, 13 g Eiweiß, 56 g Kohlenhydrate, 13 g Ballaststoffe, 10 g Fett
Besonders reich an: Vitamin B1, B2, B6, C, E, K, Magnesium

Frühstück vegetarisch

Erfrischende Orangen-Smoothie-Bowl

Yes, yes, yes please! Zu dieser köstlichen, sommerlichen, kalten Bowl können wir gar nicht Nein sagen, denn genau das brauchen wir an einem sommerlich warmen Tag!

1. Banane und Orange schälen und beides klein schneiden. Anschließend alles zusammen mit dem Joghurt und dem Mandelmus in den Mixer geben und mixen, bis eine glatte Masse entsteht.
2. Die Creme in eine Aufbewahrungsdose füllen und über Nacht einfrieren.
3. Am nächsten Morgen die Creme mit Kiwischeiben, Granola und Chiasamen garnieren und schon kannst du loslöffeln.

Für 1 Portion benötigst du:

1 Banane
1 Orange
1 Kiwi
100 g Joghurt 1,5 %
1 EL Chiasamen
20 g Granola
1 TL Mandelmus

Benötigte Utensilien:
1 Schneidebrett,
1 Küchenmesser, 1 Mixer,
1 Aufbewahrungsdose,
1 Bowl zum Anrichten

Zubereitung: 10 Minuten

Nährwerte: 574 Kalorien, 16 g Eiweiß, 67 g Kohlenhydrate, 11 g Ballaststoffe, 27 g Fett
Besonders reich an: Vitamin B1, E, K, Magnesium, Zink, Eisen

Frühstück vegetarisch

Kakao-Kirsch-Porrigde

Schwarzwälder Kirschtorte trifft auf Frühstück. So lässt sich dieses Kakao-Kirsch-Porridge am besten beschreiben, aber überzeuge dich doch am besten selbst!

1. Schokolade und Walnüsse grob hacken. Haferflocken, Kakao, Salz, Schokolade, Walnüsse, Milch und Wasser in einen Topf füllen, verrühren und einmal aufkochen lassen. Dabei immer wieder umrühren, damit nichts am Topfboden anbrennt. Von der Herdplatte nehmen und 5 Minuten quellen lassen.
2. Die Kirschen waschen, entkernen, klein schneiden und in einen Topf geben. Für 5 bis 8 Minuten köcheln lassen. Das Porridge mit Joghurt, Kirschen und Ahornsirup in eine Schüssel füllen und genießen.

Für 1 Portion benötigst du:

50 g Haferflocken
1/2 EL Kakao
1 EL dunkle Schokolade
2 EL Walnüsse
60 ml Milch 1,5 %
120 ml Wasser
150 g Kirschen
1 EL Joghurt 1,5 %
2 TL Ahornsirup
1 Prise Salz

Benötigte Utensilien:
1 Küchenmesser,
1 Schneidebrett, 2 Töpfe,
1 Schüssel zum Servieren

Zubereitung: 15 Minuten

Frühstück vegetarisch

Overnight Cookie Dough Oats

Keksteig am Morgen nur gesünder und viel sättigender! Das bekommst du mit diesen Overnight Cookie Dough Oats. Das Rezept kommt mit nur 5 Zutaten aus, du kannst aber trotzdem noch etwas Zimt oder Vanille dazugeben. Auch eine Prise Salz passt sehr gut.

1. Haferflocken mit Chiasamen, Milch und Mandelmus in eine Schüssel geben, verrühren und dann am besten über Nacht im Kühlschrank aufbewahren.

2. Zum Servieren etwas dunkle Schokolade klein hacken und zu den Overnight Oats unterrühren. Wer mag, gibt noch Ahornsirup oder eine Prise Zimt und Vanille dazu.

Für 1 Portion benötigst du:

50 g Haferflocken
1 TL Chiasamen
140 ml Milch 1,5 %
1 TL Mandelmus
1 EL dunkle Schokolade
1 TL Ahornsirup

Benötigte Utensilien: 1 Schüssel, 1 Küchenmesser, 1 Schneidebrett

Zubereitung: 5 Minuten

Nährwerte: 319 Kalorien, 14 g Eiweiß, 42 g Kohlenhydrate, 6 g Ballaststoffe, 11 g Fett
Besonders reich an: Vitamin B1, E, K, Magnesium, Zink

Frühstück | vegetarisch

Overnight-Tiramisu im Glas

Keine Lust auf ein langweiliges Porridge? Dann kommt hier dein neues Lieblingsrezept, wofür man doch gern aus dem Bett aufsteht! Diese Overnight Tiramisu Oats bestehen aus nur einer Handvoll Zutaten. Dann nur noch am Abend vorbereiten und am Morgen in aller Ruhe genießen.

1. Haferflocken mit heißem Wasser übergießen und 10 Minuten quellen lassen. Den Joghurt unterrühren und 1/3 der Mischung in einen Mixer füllen. Dazu Chiasamen, Ahornsirup, Kaffee und Kakao hinzufügen und cremig pürieren.

2. Die restlichen 2/3 der Mischung mit Vanille, Vanille-Protein-pulver und Mascarpone verrühren. Beides nun in einem Glas schichten und im Kühlschrank über Nacht stehen lassen. Am Morgen mit Kakao bestreuen und genießen.

Für 1 Portion benötigst du:

50 g Haferflocken
80 g Joghurt 1,5 %
80 ml heißes Wasser
1 EL Mascarpone
1 Messerspitze Bourbon-Vanille
1 EL Vanille-Proteinpulver
1 EL Ahornsirup
1 EL Kakao
1 EL Chiasamen
3 EL Kaffee

Benötigte Utensilien:
Utensilien: 1 Schüssel, 1 Mixer, 1 hohes Glas

Zubereitung: 10 Minuten

Nährwerte: 315 Kalorien, 15 g Eiweiß, 41 g Kohlenhydrate, 6 g Ballaststoffe, 10 g Fett
Besonders reich an: Vitamin B1, K, Magnesium, Zink, Eisen

Nährwerte: 311 Kalorien, 12 g Eiweiß, 31 g Kohlenhydrate, 13 g Ballaststoffe, 15 g Fett
Besonders reich an: Vitamin B6, C, E, Magnesium

Frühstück vegetarisch

Chia-Schoko-Pudding mit Himbeeren

Hat dich die Lust nach Chiasamen gepackt? Dann findest du weitere Rezepte auf www.vetox.de. Dieses Frühstück kommt mit cremiger Kokosnuss und frischen Himbeeren um die Ecke.

1. Schäle die Banane und mixe sie mit der Kokosmilch, dem Kakaopulver, Zimt, Salz und dem Joghurt. Fülle die Bananenmilch dann in eine Schale, gib die Chiasamen hinzu und lass das Ganze für 10 Minuten quellen.
2. Wasche die Himbeeren und garniere deinen Chiapudding dann mit den Mandelsplittern und den Himbeeren.

Für 1 Portion benötigst du:

100 g Himbeeren (frisch)
1 Banane
2 EL Chiasamen
10 g Mandelsplitter
50 ml Kokosmilch
50 g Joghurt 1,5 %
1/2 TL Kakaopulver
1 Prise Salz
1 Prise Zimt

Benötigte Utensilien: 1 Mixer, 1 Schale zum Anrichten

Zubereitung: 15 Minuten

VETOX Tipp:
Du möchtest dieses köstliche Frühstück auch an deinen veganen Tagen genießen? Dann ersetze den Joghurt einfach durch veganen Kokosjoghurt.

Frühstück
vegan

Vegane Kakao-Açai-Smoothie-Bowl	49
Veganer Erdbeerjoghurt mit Granola	51
Birnencrumble	53
Frühstücks-Zimt-und-Apfel-Muffins	55
Kokos-Kirsch-Knusper-Müsli	57
Açai-Chia-Pudding	59
Kurkuma-Kokos-Overnight-Oats	60
Heidelbeer-Overnight-Oats mit frischen Beeren	61
Tropische Limette-Kokos-Overnight-Oats	62
Chia-Joghurt-Pudding mit Himbeeren	63
Knusprig-goldenes Granola mit Mandeln und Kokosflocken	65
Histaminarmes Bircher Müsli	67

Nährwerte: 440 Kalorien, 13 g Eiweiß, 60 g Kohlenhydrate, 12 g Ballaststoffe, 15 g Fett
Besonders reich an: Vitamin B6, E, Magnesium, Zink, Eisen

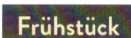

Vegane Kakao-Açai-Smoothie-Bowl

Einmal Sommer und am besten den Hawaii-Urlaub zum Mitnehmen! Das klappt mit dieser tropischen, fruchtig-süßen Kakao-Açai-Smoothie-Bowl! Dafür braucht es nur eine Handvoll an Zutaten, nicht zu vergessen sind die typischen Toppings. Da kann man auch ein paar essbare Blüten platzieren und sich vorstellen, den Smoothie am Strand zu löffeln.

1. Breche zunächst die gefrorene çai-Platte einmal durch. So ist es einfacher für deinen Mixer, falls du keinen Hochleistungsmixer besitzt. Alternativ kannst du das Püree auch vor der Zubereitung etwas antauen lassen. Gib nun den Haferdrink und das Kakaopulver zu dem Açai-Püree in deinen Mixer. Wenn du deinen Smoothie etwas flüssiger genießen möchtest, kannst du natürlich auch etwas mehr Hafermilch hinzugeben. Füge zum Schluss noch die Datteln hinzu, diese verleihen deinem Smoothie noch etwas mehr Süße. Nun kannst du auch schon deinen Mixer anstellen und alle Zutaten zunächst auf niedriger und danach auf höherer Stufe gut durchmixen, bis eine cremige Masse entsteht und alles fein püriert ist.

2. Für die Toppings Schokolade und Pistazien fein hacken. Hanfsamen, Ahornsirup, Schokolade und Pistazien oben auf deinem Smoothie verteilen. Für das ultimative Sommerfeeling kannst du noch ein oder zwei essbare Blüten auf den Smoothie stecken.

Für 1 Portion benötigst du:

1 Banane
1 EL Kakao
80 ml Haferdrink
20 g Datteln
10 g dunkle Schokolade
10 g Hanfsamen
10 g Pistazien
1 TL Ahornsirup
100 g Açai-Püree

Benötigte Utensilien:
1 Küchenmesser,
1 Schneidebrett, 1 Mixer

Zubereitung: 8 Minuten

 VETOX Tipp: Açai-Püree bekommst du mittlerweile in jedem gut sortiertem Supermarkt in den Tiefkühlern. Alternativ kannst du die Bowl aber auch wunderbar mit gefrorenen Heidelbeeren zubereiten.

Nährwerte: 672 Kalorien, 16 g Eiweiß, 59 g Kohlenhydrate, 11 g Ballaststoffe, 41 g Fett
Besonders reich an: Vitamin B1, B6, C, E, K, Magnesium, Zink, Eisen

Veganer Erdbeerjoghurt mit Granola

Was im Frühling und Sommer auf keinen Fall fehlen darf, sind die frischen Erdbeeren – auch nicht im Erdbeerjoghurt. Ganz ohne Süßungsmittel natürlich! Und dazu gibt es ein schnelles Granola aus der Pfanne. Perfekt für die heißen Sommertage, an denen der Backofen sowieso kalt bleibt!

1. Haferflocken mit Ahornsirup, Walnüssen, flüssigem Kokosöl, Zimt und Vanille in einer Schüssel vermischen. Das Granola in eine Pfanne geben und unter Rühren erhitzen. So lange rühren, bis es beginnt, knusprig zu werden. Vom Herd nehmen und auf einem Backblech abkühlen lassen.

2. Den Kokosjoghurt in eine tiefe Schüssel füllen. Die Erdbeeren waschen, vierteln und 2 bis 3 Stück für später zur Seite legen. Den Rest zum Joghurt geben und mit Zitronensaft und Vanille pürieren. Den Joghurt in eine Schüssel füllen und mit den Erdbeeren und dem Granola genießen.

Für 1 Portion benötigst du:

50 g Haferflocken
20 ml Ahornsirup
2 EL Walnüsse
1 EL flüssiges Kokosöl
1/2 TL Zimt
1/2 TL Bourbon-Vanille
100 g Kokosjoghurt
150 g Erdbeeren
1/2 TL Zitronensaft

Benötigte Utensilien:
1 Schüssel, 1 tiefe Schüssel,
1 Löffel, 1 Pfanne, 1 Backblech,
1 Pürierstab, 1 Messer,
1 Schneidebrett, 1 Schüssel zum Servieren

Zubereitung: 15 Minuten

VETOX Tipp: *Ahornsirup ist mit ca. 260 Kalorien auf 100 g das kalorienärmste natürliche Süßungsmittel. Zum Vergleich: Industriezucker hat ca. 400 Kalorien, Agavendicksaft ca. 300 Kalorien und Kokosblütenzucker ca. 380 Kalorien – jeweils auf 100 g.*

Nährwerte: 341 Kalorien, 9 g Eiweiß, 44 g Kohlenhydrate, 8 g Ballaststoffe, 15 g Fett
Besonders reich an: Vitamin E, K, Magnesium

Frühstück vegan

Birnencrumble

Es ist fruchtig, warm, süß, wohltuend – müssen wir dich noch weiter überzeugen? Unser Birnencrumble kommt köstlich gebacken direkt aus dem Ofen!

1. Den Backofen auf 180 Grad (Ober- und Unterhitze) vorheizen. Birne waschen und in Würfel schneiden. Mit 50 ml Wasser in den Topf geben und für 5 Minuten köcheln lassen.
2. In der Zwischenzeit die Nüsse hacken und mit Haferflocken, Kokosjoghurt, Kokosblütenzucker und den Gewürzen vermengen.
3. Die Birnenstücke in die Backform geben und das Crumble darüberstreuen. Für 15 Minuten im Ofen backen, herausnehmen und etwas abkühlen lassen, bevor du genießen kannst.

Für 1 Portion benötigst du:

1 Birne
30 g Haferflocken
1 EL Kokosblütenzucker
70 g Kokosjoghurt
1 EL Mandeln
1 EL Paranüsse
1 Prise Salz
1 Prise Zimt

Benötigte Utensilien: 1 Ofen, 1 Schneidebrett, 1 Küchenmesser, 1 Topf, 1 Backform

Zubereitung: 25 Minuten

 VETOX Tipp: *Als Nachtisch schmeckt zu dem Birnencrumble auch Vanilleeis köstlich!*

Nährwerte: 899 Kalorien, 22 g Eiweiß, 104 g Kohlenhydrate, 8 g Ballaststoffe, 44 g Fett
Besonders reich an: Vitamin E, K, Magnesium

Frühstücks-Zimt-und-Apfel-Muffins

Die beste Mahlzeit des Tages und dann auch noch Muffins! Diese Frühstücks-Zimt-und-Apfel-Muffins sind nicht nur superfluffig, sondern auch schnell auf deinem Frühstücksteller.

1. Den Backofen auf 180 Grad (Ober- und Unterhitze) vorheizen und eine Muffinform zur Seite stellen. Den Apfel waschen, entkernen und in kleine Stücke schneiden.

2. In einer Schüssel Mehl, Zucker, Mandeln, Backpulver und Zimt miteinander vermischen. Anschließend Zitronensaft, Apfelstücke, Pflanzenöl und Hafermilch hinzugeben und zu einem glatten Teig verrühren. In die Form füllen und für 15 Minuten backen.

Für 1 Portion benötigst du:

1/2 Apfel
1 EL Zitronensaft
80 g Mehl
30 g brauner Zucker
40 g gemahlene Mandeln
1 Backpulver
1 TL Zimt
2 EL Pflanzenöl
100 ml Hafermilch

Benötigte Utensilien:
1 Küchenmesser, 1 Schneidebrett, 1 Schüssel, 1 Muffinform

Zubereitung: 10 Minuten

Nährwerte: 425 Kalorien, 7 g Eiweiß, 41 g Kohlenhydrate, 9 g Ballaststoffe, 26 g Fett
Besonders reich an: Vitamin C, K, Selen

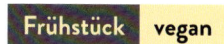

Kokos-Kirsch-Knusper-Müsli

Back dir dein Knusper-Müsli ganz einfach selbst. Getrocknete Kirschen und Kokosraspel sorgen für eine Portion Sommer-Feeling auf deinem Frühstückstisch. Da die Kokosnuss zu den wenigen Lebensmitteln mit viel Selen gehört, deckst du deinen Tagesbedarf locker mit nur einer Müsli-Portion.

1. Mische Haferflocken und Kokosraspeln in einer Schüssel. Lass das Kokosöl zusammen mit dem Agavendicksaft in der Pfanne schmelzen. Gib nun die Haferflocken-Kokos-Mischung dazu und verrühre alles gut.

2. Heize den Backofen auf 180 Grad (Ober- und Unterhitze) vor und belege ein Backblech mit Backpapier. Schütte die Mischung auf das Blech und schiebe sie für 8 Minuten in den Backofen. Rühre nach 4 Minuten mit dem Holzlöffel alles einmal durch.

3. Halbiere oder viertel die Kirschen – je nachdem, wie klein du sie magst. Mische sie dann unter das fertige Müsli. Lass das Müsli vollständig abkühlen und fülle es zum Aufbewahren in ein Glas mit Deckel.

Für 1 Portion benötigst du:

30 g Haferflocken (fein)
20 g Kokosraspeln
1 EL Agavendicksaft
1 EL Kokosöl
25 g getrocknete Kirschen

Benötigte Utensilien:
1 Schüssel klein, 1 Esslöffel,
1 Pfanne, 1 Backblech mit
Backpapier, 1 Holzlöffel,
1 Schneidebrett,
1 Küchenmesser, 1 Glas mit
Deckel zum Aufbewahren

Zubereitung: 15 Minuten

 VETOX Tipp: *Dieses Müsli schmeckt auch super mit klein geschnittenen getrockneten Aprikosen.*

Nährwerte: 104 Kalorien, 9 g Eiweiß, 8 g Kohlenhydrate, 2 g Ballaststoffe, 4 g Fett
Besonders reich an: Vitamin E

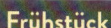

Açai-Chia-Pudding

Açai ist ein echtes Superfood, das voller Antioxidantien und Vitaminen steckt. Zusammen mit den Chiasamen ist das gleich ein doppeltes Superfood-Rezept.

1. Chiasamen mit Milch und Açai-Pulver in einer Schüssel vermischen und für 10 Minuten stehen lassen. Danach noch einmal umrühren und für 1 bis 2 Stunden quellen lassen.
2. Danach den Pudding mit Ahornsirup und Kokosjogurt verrühren. Den fertigen Chia-Pudding mit Granatapfelkernen genießen.

Für 1 Portion benötigst du:

3 EL Chiasamen
150 ml Pflanzenmilch
1 TL Ahornsirup
50 g Kokosjoghurt
2 EL Granatapfelkerne
1 EL Açai-Pulver

Benötigte Utensilien: 1 Schüssel, 1 Esslöffel

Zubereitung: 5 Minuten

Frühstück vegan

Kurkuma-Kokos-Overnight-Oats

Für 1 Portion benötigst du:

100 g Blaubeeren
50 g Haferflocken
150 ml Kokosdrink
1 EL Kokosflocken
50 g Kokosjoghurt
1 EL Ahornsirup
1 Prise Zimt
1 Prise Kurkuma
1 Prise schwarzer Pfeffer

Benötigte Utensilien:
1 Schale, 1 Esslöffel

Zubereitung: 5 Minuten

Bei dir muss es morgens schnell gehen? Mit diesem Rezept gibt es keine Ausrede, nicht trotzdem ein gesundes Frühstück zur Hand zu haben! Die Zubereitung selbst ist superfix erledigt, über Nacht lässt du die Oats dann im Kühlschrank quellen und kannst sie am nächsten Morgen direkt mitnehmen.

1. Gib alle Zutaten in die Schale und mische sie gut durch. Lass dein Porridge dann über Nacht im Kühlschrank durchziehen.

2. Am nächsten Morgen kannst du es dann direkt herausnehmen, einen Löffel schnappen und genießen!

 VETOX Tipp: In Kurkuma steckt viel drin. Es handelt sich wahrlich um eine Wunderknolle, vollgepackt mit Antioxidantien und Cucumin, das als entzündungshemmend gilt.

Nährwerte: 327 Kalorien, 13 g Eiweiß, 47 g Kohlenhydrate, 13 g Ballaststoffe, 9 g Fett
Besonders reich an: Vitamin B1, E, K, Magnesium, Zink, Eisen

Frühstück vegan

Heidelbeer-Overnight-Oats mit frischen Beeren

Wie wäre es mit einer Versuchung in Lila am Morgen? Die Heidelbeer-Overnight-Oats punkten nicht nur optisch, sondern liefern dir auch alle Nährstoffe, die du für einen gesunden Start in den Tag brauchst.

1. Gib 30 g angetaute Heidelbeeren zusammen mit dem Mandeldrink in den hohen Becher und püriere alles fein.
2. Rühre den Ahornsirup und die Haferflocken in die Heidelbeer-Milch ein. Fülle alles in die Schüssel um und stelle die Heidelbeer-Over-Night-Oats über Nacht, mit einem kleinen Teller abgedeckt, in den Kühlschrank.
3. Gib die frischen Himbeeren und Heidelbeeren in ein Sieb und spüle sie ab. Nimm die Over-Night-Oats aus dem Kühlschrank und serviere sie mit den frischen Beeren.

Für 1 Portion benötigst du:

50 g gefrorene Heidelbeeren
200 ml Mandeldrink
50 g Haferflocken (fein)
1 TL Ahornsirup
50 g Himbeeren (frisch)
50 g Heidelbeeren (frisch)

Benötigte Utensilien:
1 hoher Becher, 1 Pürierstab,
1 Müslischüssel, 1 Teelöffel,
1 Unterteller, 1 Sieb

Zubereitung: 10 Minuten

Nährwerte: 280 Kalorien, 14 g Eiweiß, 42 g Kohlenhydrate, 12 g Ballaststoffe, 4 g Fett
Besonders reich an: Vitamin B1, E, K, Magnesium, Zink

Frühstück vegan

Tropische Limette-Kokos-Overnight-Oats

Für 1 Portion benötigst du:

40 g Haferflocken
115 ml Hafermilch
2 EL Kokosjoghurt
1/2 Limette
1 TL Ahornsirup
1 TL Kokosraspeln

Benötigte Utensilien:
1 Schüssel, 1 Löffel

Zubereitung: 5 Minuten

Ein bisschen Sommer gefällig? Das geht ganz wunderbar mit diesen Overnight Oats mit Limette und Kokosnuss! Am besten alles schon am Abend vorbereiten und so nur noch am nächsten Morgen Ahornsirup und Kokosraspeln unterrühren.

1. Verrühre zunächst die Haferflocken mit Hafermilch und Kokosjoghurt. Mische Limettenschale und Limettensaft unter die Masse und lasse alles über Nacht im Kühlschrank ziehen.

2. Die Overnight Oats mit Ahornsirup und Kokosraspeln genießen.

Nährwerte: 229 Kalorien, 11 g Eiweiß, 34 g Kohlenhydrate, 6 g Ballaststoffe, 5 g Fett
Besonders reich an: Vitamin B1, E, K, Magnesium

Frühstück vegan

Chia-Joghurt-Pudding mit Himbeeren

Schnelles Frühstück gefällig? Dann kann dieser Chia-Joghurt-Pudding mit Himbeeren auf jeden Fall punkten. Super schnell zubereitet, kannst du ihn auch schon am Abend in den Kühlschrank stellen und sparst dir so die Hektik am Morgen.

1. In einer Schüssel die Himbeeren entweder für 1 bis 2 Stunden auftauen oder in der Mikrowelle erwärmen. In einer weiteren Schüssel Kokosjoghurt, Vanille, Ahornsirup, Chia Samen und Hafermilch mit einem Schneebesen glatt rühren und für 1 Stunde im Kühlschrank quellen lassen.

2. Den aufgequollenen Chia-Pudding mit den aufgetauten Himbeeren und 1 TL Zimt vermischen und genießen.

Für 1 Portion benötigst du:
150 g Himbeeren (gefroren)
150 g Kokosjoghurt
40 g Chiasamen
1 Prise Bourbon-Vanille
2 EL Ahornsirup
100 ml Hafermilch
1 TL Zimt

Benötigte Utensilien:
2 Schüsseln mittelgroß,
1 Schneebesen, 1 Esslöffel

Zubereitung: 5 Minuten

Nährwerte: 496 Kalorien, 19 g Eiweiß. 32 g Kohlenhydrate, 18 g Ballaststoffe, 31 g Fett
Besonders reich an: Vitamin B1, B2, B6, C, E, K, Calcium, Magnesium, Zink, Eisen

Nährwerte für 1 Portion: 440 Kalorien, 9 g Eiweiß, 39 g Kohlenhydrate, 6,5 g Ballaststoffe, 3 g Fett
Besonders reich an: Vitamin B1, E, K, Magnesium, Zink, Eisen

Knusprig-goldenes Granola mit Mandeln und Kokosflocken

Granola-what?! Die neue und hippe Bezeichnung für (Knusper-)Müsli. Für uns steht Granola schon seit Längerem ganz oben auf der Liste, wenn es um einfache Frühstücksideen oder auch selbst gemachte Geschenke geht. Diese Idee kommt einfach immer und überall gut an. Und das Beste ist: Es schmeckt einfach immer und den himmlischen Geruch, den deine Küche für mehrere Stunden annimmt, bekommst du on top.

1. Heize den Backofen auf 180 Grad (Ober- und Unterhitze) vor und lege das Backblech mit dem Backpapier aus. Gieße nun das Kokosöl in den kleinen Topf und erhitze es vorsichtig auf dem Herd, bis es flüssig ist.

2. Vermische die Haferflocken, die Mandeln, die Kokosflocken, den Zimt sowie eine Prise Salz in einer großen Schüssel miteinander.

3. Hebe den Agavendicksaft und das flüssige Kokosöl unter die eben hergestellte Haferflocken-Mischung und verrühre alles so lange, bis es gleichmäßig vermengt ist.

4. Verteile nun das Granola gleichmäßig auf dem Backblech. Gib es in den vorgeheizten Backofen und backe es für 10 Minuten goldbraun. Wende es immer mal wieder mit dem Pfannenwender, damit das Granola eine einheitliche Bräune bekommt.

5. Nimm das fertige Granola aus dem Ofen und lass es auf dem Blech komplett abkühlen. Danach kannst du es in die Aufbewahrungsdose füllen oder dir direkt eine Portion mit Milch oder Joghurt zum Frühstück machen.

Für 4 Portionen benötigst du:

50 ml Kokosöl
140 g Haferflocken (fein)
60 g Mandeln
30 g Kokosraspeln
1 TL Zimt
85 ml Agavendicksaft
1 Prise Salz

Benötigte Utensilien:
1 Backblech mit Backpapier,
1 Topf, 1 Schüssel,
1 Aufbewahrungsdose

Zubereitung: 20 Minuten

Nährwerte: 408 Kalorien, 12 g Eiweiß, 57 g Kohlenhydrate, 9 g Ballaststoffe, 14 g Fett
Besonders reich an: Vitamin B1, E, K, Magnesium, Zink

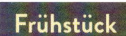

Histaminarmes Bircher Müsli

du bist auf der Suche nach einem histaminarmen sowie laktose- und glutenfreien Frühstück? Dann ist dieses histaminarme Bircher Müsli genau das Richtige! Supereinfach zubereitet und total lecker!

1. In einer Schüssel Haferflocken, Apfelsaft, Mandeln, Leinsamen und Chiasamen miteinander vermischen. Das Ganze nun im Kühlschrank für mindestens 2 bis 3 Stunden quellen lassen. Am besten lässt du es über Nacht stehen.

2. Den Apfel waschen und auf einer groben Reibe raspeln. Weintrauben waschen, halbieren und je nach Belieben entkernen. Das Bircher Müsli mit Kokosjoghurt, Apfel und Weintrauben vermischen und mit Agavendicksaft abschmecken.

Für 1 Portion benötigst du:

40 g glutenfreie Haferflocken
65 ml Apfelsaft
15 g Mandeln
1 TL Leinsamen
1/2 TL Chiasamen
1/2 Apfel
50 g Weintrauben
50 g Kokosjoghurt
1 TL Agavendicksaft

Benötigte Utensilien: 1 Schüssel, 1 Löffel, 1 Küchenmesser, 1 Schneidebrett, 1 Gemüsereibe

Zubereitung: 5 Minuten

Hauptspeisen

vegetarisch

Blumenkohl-Taler mit Kräuterquark	71
Tomatensuppe mit selbst gemachten Croutons	73
Kohlrabi-Karotten-Eintopf mit Kartoffel und Petersilie	75
Auflauf mit Gnocchi und Mozzarella	77
Rote-Bete-Kartoffel-Eintopf mit Brie und Walnüssen	79
Quesadillas mit Bohnenmus, Salsa und Cheddar	81
Grüne Erbsensuppe mit Pistazien-Crunch	82
Französische Zwiebelsuppe	83
Salat mit Karotte, Feldsalat und Chicorée	84
Griechisches Ofengemüse mit Halloumi	85
Vegetarische Süßkartoffel-Quiche	87
Schneller Tomaten-Zucchini-Auflauf	89
Spitzkohlpfanne mit kleinen Röstkartoffeln	91
Kürbis-Kartoffel-Puffer mit Kräuterquark	93
Low-Carb-Pizza-Wrap	95
Schneller Gemüsereis mit Brokkoli, Fenchel und geschmolzenem Edamer	97
Blitzrezept One-Pot-Tomaten-Feta-Pasta	99
Schneller Karottensalat (warm oder kalt)	101
Herzhafte Pizzaschnecken	103
Ganz klassischer Zwiebelkuchen	105
Geröstete Paprika-Suppe	107
Orientalische Kurkuma-Gemüse-Reis-Pfanne	109
Afrikanisches Stew mit Orangen-Bulgur	111
Caesar Salad	113

Nährwerte: 467 Kalorien, 12 g Eiweiß, 51 g Kohlenhydrate, 9 g Ballaststoffe, 24 g Fett
Besonders reich an: Vitamin A, B6, C, E, K

Hauptspeisen | vegetarisch

Tomatensuppe mit selbst gemachten Croutons

Heute kommt ein echter Klassiker auf den Tisch: Tomatensuppe!

1. Zwiebel schälen und schneiden und mit der Hälfte des Olivenöls in dem Topf anbraten. In der Zwischenzeit die Tomaten waschen, den Strunk entfernen und ebenfalls schneiden.
2. Mit den Zwiebeln anbraten und dann alles mit Gemüsebrühe und Crème fraîche ablöschen. Den Kokosblütenzucker hinzufügen und für 10 Minuten köcheln lassen
3. Während die Suppe köchelt, das Brötchen in Würfel schneiden und mit dem restlichen Olivenöl in der Pfanne anbraten.
4. Wasche das Basilikum und zupfe die Blättchen ab. Püriere dann die Suppe, gib sie in eine Schale und garniere sie mit Basilikum und den Brotcroutons. Mit Salz und Pfeffer abschmecken. Schon kannst du loslöffeln.

Für 1 Portion benötigst du:

300 g Tomaten
1/2 Zwiebel
50 g Crème fraîche
200 ml Gemüsebrühe
1/2 altes Vollkornbrötchen
1 TL Kokosblütenzucker
2 TL Olivenöl
1 Zweig frisches Basilikum
Salz und Pfeffer

Benötigte Utensilien:
1 Schneidebrett, 1 Küchenmesser, 1 Topf, 1 Pfanne

Zubereitung: 20 Minuten

Aufbewahrungs-Empfehlung: Ich benutze für meine Veg-Prep-Gerichte immer eine Edelstahl-Dose. Kalte Gerichte bleiben kalt und warme Gerichte bleiben bis 13:00 Uhr warm. So bin ich weder auf einen Herd noch auf eine Mikrowelle angewiesen.

Katjas Tipp ♡

VETOX Tipp: Wenn du es scharf magst, kannst du die Suppe noch mit einer Prise Chili pimpen. Das gibt dem Ganzen einen feurigen Extrakick.

Nährwerte: 437 Kalorien, 27 g Eiweiß, 79 g Kohlenhydrate, 10 g Ballaststoffe, 5 g Fett
Besonders reich an: Vitamin A, B1, B2, B6, C, E, K, Magnesium, Zink, Eisen

Hauptspeisen — *vegetarisch*

Kohlrabi-Karotten-Eintopf mit Kartoffel und Petersilie

Eintopf mit Kohlrabi und Karotte in einer leckeren Creme, dazu Kartoffeln und Petersilie. Klingt das nicht nach einer fantastischen Kombi? Auch von innen herrlich wärmend.

1. Wasche und schäle die Kartoffeln und gib sie in einen Topf mit 300 ml Wasser. Nun bei mittlerer Hitze für 15 Minuten köcheln lassen und anschließend das Kochwasser abgießen.

2. Kohlrabi schälen, Karotte waschen und beides in Würfel schneiden. In einer Schale Milch, Dinkelmehl und Hefeflocken vermengen und mit Karotte und Kohlrabi in den zweiten Topf geben. Gib weitere 100 ml Wasser hinzu und lass das Ganze für 10 Minuten köcheln. Schmecke mit Salz und Pfeffer ab.

3. Wasche und schneide die Petersilie klein. Schneide die Kartoffeln in Spalten und lege sie auf einen Teller. Gieße dann den Kohlrabi-Karotten-Mix darüber und streue die Petersilie darauf. Guten Appetit!

Für 1 Portion benötigst du:

1 Kohlrabi
1 Karotte
250 g Kartoffeln
200 ml Milch 1,5 %
2 EL Dinkelmehl
2 EL Hefeflocken
5 Blätter frische Petersilie
Salz und Pfeffer

Benötigte Utensilien: 2 Töpfe, 1 Sparschäler, 1 Schneidebrett, 1 Küchenmesser, 1 Schale

Zubereitung: 25 Minuten

VETOX Tipp: *Hefeflocken bekommst du im Bioladen, Reformhaus oder gut sortierten Supermärkten. Der vegane Käseersatz ist superlecker auch zu Pastagerichten oder veganen Creme-Alternativen.*

Nährwerte: 490 Kalorien, 17 g Eiweiß, 46 g Kohlenhydrate, 7 g Ballaststoffe, 26 g Fett
Besonders reich an: Vitamin A, B2, B6, C, E, K, Calcium, Zink

Hauptspeisen | vegetarisch

Auflauf mit Gnocchi und Mozzarella

Müssen wir mehr sagen als Gnocchi und Mozzarella, um dich von diesem Gericht zu überzeugen? Dieser Auflauf kommt dazu noch mit einer superleckeren Tomatensoße und frischem Basilikum daher!

1. Den Ofen auf 200 Grad (Ober- und Unterhitze) vorheizen. Zwiebel schälen, schneiden und mit der Sahne in der Pfanne für 5 Minuten schmoren, dann die Tomatensoße hinzufügen und gut umrühren.

2. Wasche und schneide die Kirschtomaten und Menge sie unter die Soße. Gib dann die Gnocchi und den Spinat dazu und fülle alles in die Backform.

3. Mit dem Mozzarella belegen und je eine Prise Salz und Pfeffer sowie das Paprikapulver darüberstreuen. Für 20 Minuten in den Ofen schieben.

4. Zu guter Letzt die Basilikumblätter waschen und vom Strunk entfernen. Den Auflauf auf einem Teller servieren und mit den Basilikumblättern genießen!

Für 1 Portion benötigst du:

100 g Kirschtomaten
30 g Spinat (TK)
200 ml Tomatensoße
1/2 Zwiebel
100 g fertige Gnocchi
40 g Mozzarella
50 ml Sahne
1 Stange Basilikum
1 Prise Paprikapulver
Salz und Pfeffer

Benötigte Utensilien:
1 Pfanne, 1 Schneidebrett,
1 Küchenmesser, 1 Backform,
1 Teller zum Anrichten

Zubereitung: 30 Minuten

VETOX Tipp: *Du magst es scharf? Dann gibt zu Beginn einfach noch eine gute Prise Chili in die Soße, die Gnocchi können das Chili dann super aufnehmen! Einfach himmlisch, für alle, die es feurig mögen.*

Nährwerte: 688 Kalorien, 35 g Eiweiß, 75 g Kohlenhydrate, 23 g Ballaststoffe, 27 g Fett
Besonders reich an: Vitamin A, B1, B2, B6, B12, C, E, Calcium, Magnesium, Zink, Eisen

Hauptspeisen | vegetarisch

Rote-Bete-Kartoffel-Eintopf mit Brie und Walnüssen

Sämige Kartoffel, frische Rote Bete, cremiger Brie und knackige Walnüsse – klingt das nicht fantastisch? Dieser unfassbar leckere Eintopf kombiniert all unsere Favoriten und sorgt für eine wahre Geschmacksexplosion bei jedem Bissen!

1. Wasche die Frühlingszwiebeln und schäle die Kartoffeln und die Rote Bete. Schneide Kartoffel und Rote Bete in kleine Würfel, die Frühlingszwiebel in feine Scheiben.
2. Gib das geschnittene Gemüse mit 200 ml Wasser in einen Topf und lasse das Ganze für 10 Minuten köcheln.
3. Gieße die Kidneybohnen über einem Sieb ab und wasche sie gründlich ab, bis die Bohnen aufhören zu schäumen. Gib auch sie in den Topf, rühre kurz um und lass alles für weitere 5 Minuten köcheln, bevor du es mit Salz und Pfeffer abschmeckst und vom Herd nimmst.
4. Gib den Eintopf in deine Lieblingssuppenschüssel. Schneide den Brie klein und gib ihn zusammen mit den Walnüssen darüber. Guten Appetit!

Für 1 Portion benötigst du:

150 g Kartoffeln
2 rote Beete
2 Frühlingszwiebel
150 g Kidneybohnen
50 g Camembert 45 %
20 g Walnüsse
200 ml Wasser

Benötigte Utensilien:
1 Schneidebrett, 1 Küchenmesser, 1 Topf, 1 Sieb, 1 Schüssel

Zubereitung: 20 Minuten

 VETOX Tipp: *Vitamin B6, wichtig für Stoffwechselprozesse und Immunsystem, kann der Körper nicht selbst herstellen und muss daher durch die Nahrung aufgenommen werden. Mit diesem Rezept deckst du deinen täglichen Bedarf zu mindestens 80 %.*

Nährwerte: 507 Kalorien, 20 g Eiweiß, 41 g Kohlenhydrate, 3 g Ballaststoffe, 29 g Fett
Besonders reich an: Vitamin B2, Calcium

Hauptspeisen | **vegetarisch**

Quesadillas mit Bohnenmus, Salsa und Cheddar

Quesadillas sind ein Klassiker der mexikanischen Küche. Sie lassen sich supervielseitig füllen und sind schnell zubereitet – perfekt zum Mitnehmen oder als unkompliziertes Essen mit Freunden.

1. Schneide die Tomate in kleine Würfelchen. Hacke den Koriander und reibe den Käse fein.
2. Erhitze das Olivenöl, presse den Knoblauch hinein und lass ihn ein paar Sekunden andünsten. Gib die Kidneybohnen dazu und gieße die Gemüsebrühe an. Leg den Deckel auf und lass alles 5 Minuten leicht köcheln. Nimm den Topf vom Herd und püriere die Bohnen zu einer feinen Masse. Schmecke das Bohnenmus mit Salz, Pfeffer und Kreuzkümmel ab.
3. Höhle das Fruchtfleisch der Avocado mit dem Löffel aus, gib es in die Schüssel und zerdrücke es mit der Gabel möglichst fein. Schmecke die Guacamole mit einem Spritzer Limettensaft, Salz, Pfeffer, Kreuzkümmel und Knoblauchpulver ab und hebe zum Schluss die Tomatenwürfel unter.
4. Bestreiche den Tortilla-Wrap zuerst mit dem Bohnenmus, dann mit der Salsasoße. Verteile den Käse darauf und bestreue alles mit gehacktem Koriander. Falte den Wrap einmal in der Mitte. Erhitze die Pfanne, lege den Wrap hinein und brate ihn von jeder Seite 2 Minuten bei mittlerer Hitze ohne Fett an. Halbiere den Quesadilla noch einmal und serviere die Guacamole dazu.

Für 1 Portion benötigst du:

1 kleine Tomate
4 Zweige frischer Koriander
25 g Cheddar
100 g Kidneybohnen (Dose)
1 TL Olivenöl
1 kleine Knoblauchzehe
50 ml Gemüsebrühe
1/2 Avocado
1 Spritzer Limettensaft
Knoblauchpulver
1 großer Tortilla-Wrap
1 EL Salsasoße
Salz und Pfeffer
Kreuzkümmel

Benötigte Utensilien: 1 Schneidebrett, 1 Käsereibe, 1 Topf mit Deckel, 2 Teelöffel, 1 Pürierstab, 1 Knoblauchpresse, 1 Messbecher, 1 Schüssel, 1 Gabel, 1 Teller zum Anrichten, 1 Pfanne, 1 Esslöffel

Zubereitung: 20 Minuten

VETOX Tipp: *Das Bohnenmus kannst du in größerer Menge gut auf Vorrat zubereiten. Es schmeckt auch toll als Brotaufstrich, als Füllung in überbackenen Paprikaschoten oder als Dip zu Rohkost.*

| Hauptspeisen | vegetarisch |

Grüne Erbsensuppe mit Pistazien-Crunch

So unglaublich cremig und lecker! Ganz in zartem Grün und obendrein laktose- und glutenfrei sowie histaminarm. Diese Suppe ist eine echte Wohltat für deinen Bauch.

Für 1 Portion benötigst du:

1 Schalotte
1 Kartoffel
20 g gesalzene Pistazien
1 EL frische Kräuter nach Belieben
1 TL Rapsöl
200 g Erbsen (TK)
250 ml Gemüsebrühe
50 g laktosefreier Frischkäse
Salz und Pfeffer
Muskat

Benötigte Utensilien:
1 Schneidebrett,
1 Küchenmesser, 1 Topf mit Deckel, 1 Kochlöffel,
1 Messbecher, 1 Teelöffel,
1 Pürierstab, 1 Teller zum Anrichten, 1 Suppenkelle

Zubereitung: 20 Minuten

1. Schäle die Schalotte und würfele sie fein. Schäle die Kartoffel und schneide sie in 1 cm große Würfel. Hacke die Pistazien in grobe Stücke. Hacke die Kräuter fein.

2. Erhitze das Öl im Topf und dünste die Schalottenwürfel darin glasig. Gib die Erbsen zusammen mit den Kartoffelwürfeln in den Topf und fülle alles mit Gemüsebrühe auf. Lass alles mit Deckel 10 Minuten kochen.

3. Gib den Frischkäse mit in den Topf und püriere alles zu einer feinen Suppe. Schmecke die Suppe mit Salz, Pfeffer und Muskat ab. Fülle die Suppe in den Teller und bestreue sie mit gehackten Pistazien und Kräutern.

VETOX Tipp:
Manchmal haben gefrorene Erbsen eine harte Schale, die sich beim Pürieren nicht richtig fein zerkleinern lässt. Wenn dich das in der Suppe stört, gieße die Suppe einfach einmal durch ein feines Sieb. So bekommt sie eine samtige Konsistenz.

Nährwerte: 581 Kalorien, 23 g Eiweiß, 37 g Kohlenhydrate, 10 g Ballaststoffe, 38 g Fett
Besonders reich an: Vitamin A, B1, B2, B6, C, E, K, Magnesium, Zink, Eisen

Hauptspeisen | vegetarisch

Französische Zwiebelsuppe

Diese Zwiebelsuppe ist alles, was du zum Mittag brauchst! Aromatisch, lecker und obendrein schnell zubereitet. Die Scheibe Brot mit etwas Käse ist ein leckeres Topping, aber auch ohne ist dieser Klassiker ein absoluter Suppen-Hochgenuss!

1. Zwiebeln schälen und fein hacken. Ein Topf mit Öl erhitzen und die Zwiebeln darin glasig anschwitzen. Für 2 bis 4 Minuten leicht anbraten. Thymianzweige, Lorbeerblatt, Salz, Pfeffer und Mehl hinzugeben. Für eine weitere Minute anbraten und mit Weißwein ablöschen. Gemüsebrühe unterrühren und für 15 Minuten köcheln lassen. Den Backofen auf 180 Grad (Ober- und Unterhitze) vorheizen.

2. Für das optionale Topping: Das Baguette auf ein Backblech legen und mit Käse bestreuen. Für 4 bis 6 Minuten goldbraun backen, bis der Käse geschmolzen ist. Diese zu der Zwiebelsuppe servieren und genießen.

Für 1 Portion benötigst du:

2 Zwiebeln
1 TL Olivenöl
etwas Thymian
1 Lorbeerblatt
1 EL Mehl
50 ml Weißwein
400 ml Gemüsebrühe
1 Scheibe Baguette
1 EL geriebener Käse
Salz und Pfeffer

Benötigte Utensilien:
1 Messer, 1 Schneidebrett, 1 Topf, 1 Schüssel, 1 Backblech mit Backpapier

Zubereitung: 20 Minuten

Nährwerte: 256 Kalorien, 5 g Eiweiß, 18 g Kohlenhydrate, 3 g Ballaststoffe, 14 g Fett
Besonders reich an: Vitamin E

Hauptspeisen | vegetarisch

Salat mit Karotte, Feldsalat und Chicorée

Für 1 Portion benötigst du:

1 Handvoll Chicorée
2 Karotte
2 TL Agavendicksaft
1 EL Fruchtessig
1 EL Walnussöl
50 g Gorgonzola
1 Handvoll Feldsalat
Salz und Pfeffer

Benötigte Utensilien:
1 Salatschleuder,
1 Schneidebrett,
1 Küchenmesser, 1 Teelöffel,
1 Esslöffel, 1 Schüssel klein,
1 Teller, 1 Gabel, 1 Sparschäler

Zubereitung: 10 Minuten

Vitamin-A-Booster: Jetzt kommen satte Farben auf den Teller! Grüne Salate und Karotten liefern dir neben einem wahren Augenschmaus reichlich Beta-Carotin, das im Körper zu Vitamin A umgewandelt und unter anderem für eine gesunde Haut wichtig ist.

1. Verrühre Essig, Öl und Agavendicksaft zu einem Dressing und schmecke es mit Salz und Pfeffer ab.

2. Schneide eine Karotte mit dem Sparschäler in Streifen. Schneide den Chicorée ebenfalls in mundgerechte Stücke. Wasche den Feldsalat.

3. Richte den Salat und die Karottenstreifen auf dem Teller an und gib das Dressing darüber. Trenne mithilfe der Gabel kleine Stückchen vom Gorgonzola ab und verteile sie auf dem Salat.

 VETOX Tipp:
Gorgonzola ist herrlich aromatisch, aber auch nicht jedermanns Sache. du kannst alternativ auch einfach einen anderen Käse verwenden. Der Salat schmeckt auch lecker mit Gouda- oder Camembert-Würfel.

Nährwerte: 369 Kalorien, 12 g Eiweiß, 19 g Kohlenhydrate, 5 g Ballaststoffe, 17 g Fett
Besonders reich an: Vitamin A, K, Calcium

Hauptspeisen | *vegetarisch*

Griechisches Ofengemüse mit Halloumi

Ofengemüse lässt sich prima vorbereiten – auch in größeren Mengen – und schmeckt am nächsten Tag sowohl kalt als auch erwärmt noch lecker. Durch verschiedene Gemüsesorten, Gewürze und Kräuter kannst du ganz unterschiedliche Ofengemüse-Varianten kreieren.

1. Wasche die Kartoffeln mit Schale sowie die Paprika, Zucchini und Kirschtomaten. Lass die Schale an den Kartoffeln und schneide sie in dickere Spalten. Schneide die Paprika in dickere Streifen und die Zucchini in dickere halbe Scheiben. Schäle die Zwiebel und schneide Streifen herunter. Schneide den Halloumi in ca. 2 × 2 cm große Würfel und die Oliven in Scheiben.

2. Heize den Backofen auf 200 °C (Ober- und Unterhitze). Verrühre das Olivenöl in der großen Schüssel mit Gewürzen und Kräutern. Presse den Knoblauch hinein. Gib nun die Kartoffelspalten, das Gemüse, die Kirschtomaten und die Halloumi-Würfel mit in die Schüssel und vermenge alles gut. Streife die Nadeln vom Rosmarin ab und verteile sie zwischen dem Gemüse. Schütte den gesamten Schüsselinhalt auf ein mit Backpapier belegtes Blech und schiebe das Ofengemüse für 30 Minuten auf der mittleren Schiene in den Ofen. Die Garzeit kann um 10 Minuten variieren – abhängig davon, wie dick du das Gemüse und die Kartoffeln geschnitten hast.

3. Hole das Gemüse aus dem Ofen und richte es mithilfe des Pfannenwenders auf dem Teller an.

Für 1 Portion benötigst du:

200 g Kartoffeln
1/2 Paprika
1/2 Zucchini
5 schwarze Oliven
1/2 rote Zwiebel
75 g Halloumi
1 EL Olivenöl
1 Knoblauchzehe
1/3 TL getrockneter Oregano
Chiliflocken
1 Zweig frischer Rosmarin
Salz und Pfeffer

Benötigte Utensilien:
1 Schneidebrett, 1 Küchenmesser, 1 Schüssel, 1 Knoblauchpresse, 1 Esslöffel, 1 Pfannenwender, 1 Backblech mit Backpapier, 1 Teller zum Anrichten

Zubereitung: 40 Minuten

 VETOX Tipp: *Wenn du es gern scharf magst, kannst du auch noch klein geschnittene Peperoni zugeben. Oder probiere mal Pimentos aus. Die kleinen grünen Paprikaschoten sind ganz mild im Geschmack und eignen sich prima für Grill- und Ofengemüse.*

Nährwerte: 565 Kalorien, 23 g Eiweiß, 45 g Kohlenhydrate, 7 g Ballaststoffe, 32 g Fett
Besonders reich an: Vitamin B12, C, E, K, Zink

Nährwerte für 1 Portion: 516 g Kalorien, 16 g Fett, 63 g Kohlenhydrate, 6 g Ballaststoffe, 21 g Fett
Besonders reich an: Vitamin A, B1, B2, B6, B12, C, E, K, Calcium, Magnesium, Zink, Eisen

Hauptspeisen — vegetarisch

Vegetarische Süßkartoffel-Quiche

Wer kennt sie nicht die klassische Quiche mit Speck, Käse und Lauch? Das klappt auch als vegetarische Variante. Die Mischung aus gerösteten Süßkartoffeln und salzigem Feta zeigt dir eine ganz neue Geschmacksrichtung auf!

1. Schäle die Süßkartoffel und schneide sie in etwa gleich große Stücke. Setze einen Topf mit Wasser auf und lass die Süßkartoffelstücke für 15 bis 20 Minuten köcheln. Gib in der Zwischenzeit Mehl, Margarine, Grieß, Salz und Wasser in eine Schüssel und knete die Mischung so lange, bis ein fester Teig entsteht. Diesen für 30 Minuten in den Kühlschrank stellen.

2. Heize den Backofen auf 180 Grad (Ober- und Unterhitze) vor. Lege eine Springform (Durchmesser 16 cm) mit Backpapier aus. Schneide die Zwiebel und Karotten in kleine Würfel. Wasche den Spinat und schüttle ihn trocken. Erhitze eine Pfanne mit Butter und schwitze die Zwiebel glasig an. Gib nun die Süßkartoffeln und Karotten dazu und lass sie für 6 bis 8 Minuten anbraten. Gib nun den Spinat hinzu, lass ihn zusammenfallen und nimm die Pfanne vom Herd.

3. Vermische den Ziegenfrischkäse mit den Eiern in einer großen Schüssel. Zerbrösle den Feta mit der Hand und mische ihn unter die Eiermischung. Füge nun die Gemüsemischung hinzu, verrühre alles und schmecke es mit Salz und Pfeffer ab. Roll den gekühlten Teig auf einer bemehlten Arbeitsfläche etwa 0,5 bis 1 cm aus und gib ihn in die Springform. Lass dabei einen 8 bis 10 cm hohen Rand. Fülle die Gemüsefüllung auf den Teig und backe die Quiche für 35 bis 40 Minuten, bis sie goldbraun und fest ist.

Für 1 Quiche (das entspricht 5 Portionen) **benötigst du:**

65 g Feta
2 Ei
80 g Ziegenfrischkäse
1 Karotte
100 g Blattspinat
1 EL Butter
1 Zwiebel
15 g Grieß
50 g Margarine
285 g Dinkelmehl
170 ml Wasser
1 Süßkartoffel
Salz und Pfeffer

Benötigte Utensilien: 1 Topf, 1 Küchenmesser, Schneidebrett, 1 Sparschäler, 1 Schüssel, 1 Pfanne, 1 Springform, 1 Backpapier, 1 Pfannenwender

Zubereitung: 45 Minuten

Nährwerte: 449 Kalorien, 21 g Eiweiß, 9 g Kohlenhydrate, 3 g Ballaststoffe, 37 g Fett
Besonders reich an: Vitamin A, B2, B12, C, E, K, Calcium, Zink

Hauptspeisen | **vegetarisch**

Schneller Tomaten-Zucchini-Auflauf

Gerichte nur aus Gemüse müssen nicht langweilig sein. Das beweist dieser schnelle Tomaten-Zucchini-Auflauf. Ein bisschen geschnippelt, verrührt und schon schmort dieser Auflauf mit einer schönen Mozzarellakruste im Ofen!

1. Den Backofen auf 180 Grad (Ober- und Unterhitze) vorheizen. vorheizen. Zucchini und Tomaten waschen, in Scheiben schneiden und vierteln. Knoblauchzehe schälen und fein hacken. In einer Schüssel Olivenöl mit Tomatenmark, Zitronensaft, Knoblauch, Oregano, Chiliflocken, Salz und Pfeffer vermischen.

2. Die Auflaufform mit der Mischung bestreichen, das Gemüse hineinfüllen und mit der restlichen Mischung übergießen. Den Mozzarella mit den Händen zerreißen und mit dem Thymianzweig darüber verteilen. Für 15 bis 20 Minuten backen.

Für 1 Portion benötigst du:

1 Zucchini
500 g Tomaten
1 EL Olivenöl
1 EL Tomatenmark
1 EL Zitronensaft
1 Knoblauchzehe
1/2 TL Oregano
1 Messerspitze Chiliflocken
Salz und Pfeffer
100 g Mozzarella
1 Zweig frischer Thymian

Benötigte Utensilien:
1 Auflaufform, 1 Küchenmesser, 1 Schneidebrett, 1 Schüssel, 1 Löffel

Zubereitung: 10 Minuten

Nährwerte: 462 Kalorien, 8 g Eiweiß, 50 g Kohlenhydrate, 5 g Ballaststoffe, 25 g Fett
Besonders reich an: Vitamin A, B6, C, K

Hauptspeisen vegetarisch

Spitzkohlpfanne mit kleinen Röstkartoffeln

Dieses Gericht ist ein echtes Soul-Food-Essen und nebenbei noch sehr gesund. Denn Spitzkohl enthält, wie auch andere Kohlsorten, wertvolle Glucosinolate. Diese sekundären Pflanzenstoffe haben eine zellschützende Wirkung und sollen vor Krebserkrankungen schützen.

1. Heize den Backofen auf 200 Grad (Ober- und Unterhitze) vor. Wasche die Kartoffeln gründlich. Reibe sie trocken und halbiere sie. Gib 1 EL Öl in die Schüssel und verrühre das Öl mit Salz, Pfeffer, Muskat und Paprikapulver. Breite das Backpapier auf dem Backblech aus, schütte die Kartoffeln darauf und schiebe das Blech auf mittlerer Schiene in den Backofen. Lass die Kartoffeln 30 Minuten backen.

2. Schneide den Spitzkohl in feine Streifen. Schäle die Schalotte und schneide sie in feine Würfelchen. Erhitze 1 TL Butter im Topf und brate zuerst die Schalottenwürfelchen darin kurz an. Danach kannst du die Spitzkohlstreifen mit in den Topf geben. Gieße die Gemüsebrühe auf und lass den Kohl mit Deckel 10 Minuten schmoren. Rühre zwischendurch immer mal um und würze den Spitzkohl mit Salz, Pfeffer und Muskat.

3. Schneide den Schnittlauch in Röllchen und gib ihn zusammen mit der sauren Sahne in die Schüssel. Schmecke die saure Sahne sowie den Spitzkohl mit Salz und Pfeffer ab und hole die Kartoffeln aus dem Ofen. Serviere den Spitzkohl mit den Röstkartoffeln und dem Schnittlauch-Dip.

Für 1 Portion benötigst du:

250 g kleine Kartoffeln
1 EL Rapsöl
1/4 Spitzkohl
1/2 Schalotte
1 TL Butter
50 ml Gemüsebrühe
50 g saure Sahne
einige Halme Schnittlauch
Paprikapulver
Muskat
Salz und Pfeffer

Benötigte Utensilien:

1 Backblech mit Backpapier,
2 Schüsseln, 1 Esslöffel,
1 Teelöffel, 1 Schneidebrett,
1 Küchenmesser, 1 Topf mit Deckel, 1 Rührlöffel,
1 Messbecher

Zubereitung: 40 Minuten

VETOX Tipp: *Statt Spitzkohl kannst du auch Wirsing oder Weißkohl verwenden. Allerdings haben diese beiden Kohlsorten eine längere Garzeit, du musst sie ca. 20 Minuten schmoren lassen.*

Nährwerte: 501 Kalorien, 16 g Eiweiß, 59 g Kohlenhydrate, 12 g Ballaststoffe, 21 g Fett
Besonders reich an: Vitamin A, B1, B2, B6, C, E, K, Magnesium, Zink, Eisen

Hauptspeisen | **vegetarisch**

Kürbis-Kartoffel-Puffer mit Kräuterquark

Kartoffelpuffer an sich sind bereits ein richtiges Soulfood. Mit Kürbisraspeln passen sie auch perfekt in die nass-kalte Jahreszeit. Zusammen mit einem frischen Kräuterquark wird dein Abendessen innerhalb von 15 Minuten einfach perfekt und deutlich fettärmer, als die Kartoffelpuffer vom Jahrmarkt.

1. Kürbis und Kartoffeln waschen, schälen und grob raspeln. In einer Schüssel kräftig mit Muskat, Salz und Pfeffer würzen. Ein frisches Geschirrtuch ausbreiten und die Kürbis- und Kartoffel-Mischung hineingeben und kräftig ausdrücken, bis keine Flüssigkeit mehr vorhanden ist.

2. Eine Pfanne mit Öl erhitzen und jeweils 2 EL Kürbis-Kartoffel-Mischung knusprig braun ausbacken. In der Zwischenzeit Basilikum, Schnittlauch und Petersilie waschen, trocken schütteln und grob hacken. Mit Quark, Salz und Pfeffer in einer Schüssel vermischen und zu den fertigen Kürbis-Kartoffel-Puffer genießen.

Für 1 Portion benötigst du:

250 g Hokkaido-Kürbis
250 g Kartoffel
2 EL Öl
frischer Basilikum
2 EL Schnittlauch
frische Petersilie
45 g Magerquark
1/2 TL Muskat
Salz und Pfeffer

Benötigte Utensilien:
1 Gemüsereibe, 1 Sparschäler, 1 Geschirrtuch, 1 Pfanne, 2 Pfannenwender, 1 Schüssel klein, 1 Schneebesen, 1 Schneidebrett, 1 Küchenmesser, 1 Esslöffel

Zubereitung: 15 Minuten

VETOX Tipp: Falls die Puffer beim Braten auseinanderfallen, kannst du davor 1 bis 2 EL Mehl in den Teig unterrühren oder aber auch 1 Ei. Der Reibekuchenteig sollte aber nicht zu feucht sein, also die Flüssigkeit von der geraspelten Kartoffel und dem Kürbis auf jeden Fall kräftig ausdrücken.

Nährwerte: 308 Kalorien, 26 g Eiweiß, 16 g Kohlenhydrate, 4 g Ballaststoffe, 15 g Fett
Besonders reich an: Vitamin A, B1, B2, B6, B12, C, E, K, Calcium, Magnesium, Zink, Eisen

Hauptspeisen | vegetarisch

Low-Carb-Pizza-Wrap

Du suchst nach einem kalorienarmen Abendessen, dann aufgepasst! Dieser Low-Carb-Pizza-Wrap ist genau das Richtige! Gefüllt mit Tomatensoße, Karotte und frischem Spinat schmeckt er warm aber auch kalt super!

1. Den Backofen auf 180 Grad (Ober- und Unterhitze) vorheizen. Ein Backblech mit Backpapier auslegen und zur Seite stellen. Quark mit Käse, Ei, getrockneten Kräutern, Salz und Pfeffer in einer Schüssel vermischen und verquirlen. Auf das Backblech geben und in Form eines Rechtecks verteilen. Für 15 Minuten backen.

2. Passierte Tomaten mit Tomatenmark, getrocknete Kräuter, Paprikapulver, Salz und Pfeffer in einer Schüssel vermischen und zur Seite stellen. Tomate, Karotte und Spinat waschen. Tomate in kleine Würfel schneiden. Karotte schälen und ebenfalls in dünne Streifen schneiden.

3. Das Blech aus dem Ofen nehmen und eine Minute abkühlen lassen. Dann gleichmäßig mit der Tomatensoße einstreichen. Mit Tomatenwürfel, Karotten und Käse bestreuen und für weitere 5 bis 8 Minuten backen. Wieder kurz abkühlen lassen, den Spinat verteilen und vorsichtig einrollen. Die Rolle am besten in ein Bienenwachstuch oder Backpapier wickeln und am Stück oder in Scheiben geschnitten genießen.

Für 1 Portion benötigst du:

60 g Magerquark
25 g geriebener Käse
1 Ei
1/2 TL getrocknete Kräuter
4 EL Passierte Tomaten
1/2 TL Tomatenmark
1 TL getrocknete Kräuter
1/2 TL Paprikapulver
1 Karotte
1 Tomate
30 Spinat
25 geriebener Käse
Salz und Pfeffer

Benötigte Utensilien:
1 Backblech mit Backpapier,
1 Schüssel, 1 Schneebesen,
1 Messer, 1 Schneidebrett

Zubereitung: 25 Minuten

Nährwerte: 489 Kalorien, 16 g Eiweiß, 55 g Kohlenhydrate, 8 g Ballaststoffe, 22 g Fett
Besonders reich an: Vitamin B2, B6, C, E, K, Calcium, Magnesium

Schneller Gemüsereis mit Brokkoli, Fenchel und geschmolzenem Edamer

Gemüsereis, Reispfanne, Fried rice ... Dieses schnelle Gericht hat viele Namen und ist unser Favorit, wenn du wenig Zeit hast!

1. Koche den Reis nach Packungsanleitung.
2. Wasche in der Zwischenzeit Brokkoli, Fenchel und Kirschtomaten und schneide alles in mundgerechte Stücke. Schneide die Zwiebel in feine Würfel.
3. Erhitze das Öl in der Pfanne und brate die Zwiebelwürfel darin glasig. Gib dann Tomatenmark, das geschnittene Gemüse, Balsamicoessig, Tahin und 100 ml Wasser hinzu. Lass das Ganze für 5 Minuten köcheln und füge dann den gekochten Reis hinzu.
4. Rühre gut um und schneide den Edamer klein. Verteile ihn auf den Reis in der Pfanne. Lass den Edamer kurz schmelzen und gib deinen Reis dann auf einen Teller. Schmecke mit Salz und Pfeffer ab, guten Appetit!

Für 1 Portion benötigst du:

75 g Brokkoli
1/2 Fenchelknolle
6 Kirschtomaten
1/2 Zwiebel
50 g Reis
30 g Edamer
1 TL Tahin
2 EL Tomatenmark
2 EL Balsamicoessig
1 EL Olivenöl
Salz und Pfeffer

Benötigte Utensilien: 1 Topf, 1 Schneidebrett, 1 Küchenmesser, 1 Pfanne

Zubereitung: 25 Minuten

VETOX Tipp: *Wenn du deinen Edamer ganz geschmolzen lieber magst, gib ihn vorher zur Reispfanne und rühre ihn unter. Lass das Ganze mit Deckel etwas köcheln. Dein Gemüsereis wird dir auf der Zunge zergehen!*

Nährwerte: 542 Kalorien, 23 g Eiweiß, 78 g Kohlenhydrate, 9 g Ballaststoffe, 14 g Fett
Besonders reich an: Vitamin A, B1, B2, B6, C, E, K, Magnesium, Zink, Calcium

Hauptspeisen vegetarisch

Blitzrezept One-Pot-Tomaten-Feta-Pasta

Die allerbeste Kombi der italienischen Küche: Käse, Nudeln und Tomate! Müssen wir mehr sagen? Bonus bei diesem Rezept: Du brauchst so wenige Utensilien, dass sich der Abwasch auch ruckzuck erledigen lässt.

1. Wasche den Grünkohl, hacke ihn grob und gib dann alle Zutaten bis auf den Feta in den Topf. Umrühren und alles für 15 Minuten kochen lassen.
2. Brösele den Feta zu der gekochten Pasta in den Topf. Rühre erneut um und gib dann alles auf einen Teller. Schmecke mit Salz und Pfeffer ab – et voilà: Fertig ist die One-Pot-Pasta!

Für 1 Portion benötigst du:

200 ml Tomaten (Dose)
1 Handvoll Grünkohl
100 g Vollkorn-Fussili
2 EL Tomatenmark
30 g Feta
200 ml Gemüsebrühe
Salz und Pfeffer

Benötigte Utensilien: 1 Topf, 1 Messer, 1 Schneidebrett, 1 Rührlöffel

Zubereitung: 20 Minuten

Natur gegen Gedankenspiralen: Ich bin auf dem Land groß geworden und habe daher die Natur schon als Kind geliebt. Heute hilft mir die Natur nach stressigen Tagen dabei, den Kopf frei zu kriegen. Wenn ich merke, dass die Gedanken in meinem Kopf kreisen und kreisen, dann gehe ich raus und laufe eine Runde im Wald oder durch den Park. Ich versuche dabei, bewusst die frische Luft und die verschiedenen Düfte wahrzunehmen und die Nähe zur Natur zu spüren. Danach ist mein Kopf wieder frei und bereit für Neues.

Katjas Tipp ♡

VETOX Tipp: *Grünkohl hat gerade keine Saison? Kein Problem, der Grünkohl aus dem Gefrierfach hat genauso viele Nährstoffe und ist das ganze Jahr verfügbar.*

Nährwerte: 519 Kalorien, 15 g Eiweiß, 50 g Kohlenhydrate, 15 g Ballaststoffe, 28 g Fett
Besonders reich an: Vitamin A, B1, B2, B6, C, E, K, Magnesium

Schneller Karottensalat (warm oder kalt)

Ganz nach der Devise „Karottensalat geht immer" schmeckt dieses schnelle Gericht sowohl im Winter als auch im Sommer, egal ob warm oder kalt.

1. Karotten waschen, schälen und in feine Streifen schneiden. Die Orange auspressen und den Saft mit Senf, Öl, Salz und Pfeffer abschmecken.

2. Petersilie im Sieb waschen, trocken tupfen und die Blätter fein hacken. Die Karottenstreifen mit der Orangen-Vinaigrette und der Petersilie vermischen. Den Feta mit den Fingern über den Karottensalat zerbröseln und mit Erdnüssen und Chiliflocken bestreuen. Die Scheibe Vollkornbrot mit Margarine bestreichen und dazu genießen.

Für 1 Portion benötigst du:

3 Karotten
1 Orange
1 TL Senf
1 EL Olivenöl
1 EL frische Petersilie
30 g Feta
10 g Erdnüsse
1 TL Chiliflocken
1 Scheibe Vollkornbrot
1 TL Margarine
Salz und Pfeffer

Benötigte Utensilien:
1 Sparschäler, 1 Küchenmesser,
1 Schneidebrett, 1 Buttermesser,
1 Saftpresse, 1 Sieb, 1 Schüssel

Zubereitung: 15 Minuten

> **VETOX Tipp:** *Das Vitamin A, das in den Karotten enthalten ist, ist ein fettlösliches Vitamin. Deshalb solltest du Karotten immer mit einer Fettquelle kombinieren. Wir verwenden in diesem Rezept hochwertiges Olivenöl!*

Nährwerte: 193 Kalorien 11 g Eiweiß, 5 g Kohlenhydrate, 1 g Ballaststoffe, 14 g Fett
Besonders reich an: Calcium

Hauptspeisen | vegetarisch

Herzhafte Pizzaschnecken

Pizzaschnecken sind alles, was du als Mittagessen brauchst! Diese kleinen Schnecken lassen sich nämlich nicht nur gut direkt vom Blech essen, sondern auch als To-go-Lunch sind sie perfekt geeignet!

1. Mehl mit Hefe, Zucker und Salz vermischen. Die lauwarme Hafermilch, Wasser und Olivenöl unterrühren und solange kneten, bis ein glatter Teig entsteht. Diesen abgedeckt für mindestens 30 Minuten gehen lassen.

2. Tomatenmark in eine Schüssel geben und mit Wasser, Oregano, Salz und Pfeffer verrühren. Zucchini waschen und mit dem Sparschäler in dünne Streifen schneiden. Mit etwas Salz bestreuen und zur Seite stellen.

Den Hefeteig auf einer bemehlten Arbeitsfläche dünn ausrollen. Mit der Tomatenmark-Soße bestreichen und in der Mitte die Zucchinistreifen platzieren. Mit dem Käse überall bestreuen und den Teig längs einrollen und in etwa gleich große Scheiben schneiden und auf das Backblech legen. Den Backofen auf 180 Grad (Ober- und Unterhitze) vorheizen.

3. Noch einmal für 15 Minuten gehen lassen. Die Pizzaschnecken für 15 bis 20 Minuten goldbraun backen.

Für 1 Portion benötigst du:

120 g Mehl
40 ml lauwarme Hafermilch
40 ml lauwarmes Wasser
1 TL Trockenhefe
1 TL Olivenöl
1/2 TL Zucker
1 EL Tomatenmark
1/2 EL Wasser
1/2 TL getrockneter Oregano
1/4 Zucchini
1 TL Mehl zum Ausrollen
2 EL geriebener Käse
Salz und Pfeffer

Benötigte Utensilien: 1 Schüssel, 1 Schüssel, 1 Küchenmesser, 1 Schneidebrett, 1 Sparschäler

Zubereitung: 10 Minuten
Geh- und Backzeit: 60 Minuten

Nährwerte: 706 Kalorien 15 g Eiweiß, 67 g Kohlenhydrate, 4 g Ballaststoffe, 42 g Fett
Besonders reich an: Vitamin A, B1, B2, B6

Hauptspeisen | **vegetarisch**

Ganz klassischer Zwiebelkuchen

Zwiebelkuchen gab es bei uns früher immer bei besonderen Anlässen – oftmals verfeinert mit Speck. Doch auch die fleischfreie Alternative hat geschmacklich viel zu bieten!

1. Heize den Ofen auf 180 Grad (Ober- und Unterhitze) vor. Knete Dinkelmehl, Backpulver, Margarine und Wasser zu einem Teig, lege die Springform mit Backpapier aus und gib den Teig in die Springform. Zwischendurch kannst du immer wieder etwas Mehl hinzufügen bis der Teig nicht mehr klebt. Gib je eine Prise Salz und Pfeffer über die Masse. Drücke den Teig flach hinein und achte darauf, dass der Rand ca. 2 Fingerbreit an den Seiten steht.
2. Schneide die Zwiebel und den Lauch. Gib beides in die Schale und gieße dann die Sahne darüber. Streuen den Reibekäse und Muskatnuss hinzu, rühre mit einer Gabel durch die Füllung und gib sie dann auf den Boden.
3. Backe den Zwiebelkuchen nun für 20 Minuten im Ofen.
4. Nachdem der Kuchen kurz abgekühlt ist, kannst du ihn anschneiden. Schmecke individuell mit Salz und Pfeffer ab. Guten Appetit!

Für 1 Portion benötigst du:

2 Frühlingszwiebel
1 Gemüsezwiebel
160 g Dinkelmehl
80 ml Wasser
2 EL Margarine
1 TL Backpulver
200 ml Sahne
60 g Reibekäse
Muskatnuss
Salz und Pfeffer

Benötigte Utensilien:
1 Springform, 1 Backpapier,
1 Schneidebrett, 1 Küchenmesser,
1 Schale, 1 Gabel

Zubereitung: 30 Minuten

 VETOX Tipp: *Zwiebelkuchen schmeckt auch am nächsten Tag noch super! Und wenn er einmal abgekühlt ist, wird auch die Füllung noch fester.*

Nährwerte: 298 Kalorien, 4 g Eiweiß, 11 g Kohlenhydrate, 5 g Ballaststoffe, 26 g Fett
Besonders reich an: Vitamin A, B6, C, E, K

Hauptspeisen | **vegetarisch**

Geröstete Paprika-Suppe

Nichts geht über eine schöne warme Suppe. Diese hier kommt mit nur wenigen Zutaten aus, da die geröstete Paprika schon ein total intensives Aroma hat! Wenig Aufwand für vollen Geschmack.

1. Den Backofen auf 180 Grad (Ober- und Unterhitze) vorheizen. Paprika waschen und teilen. Auf das Backblech legen und 20 Minuten rösten. Danach etwas auskühlen lassen und die Haut abziehen.

2. Zwiebel schälen und fein hacken. Lauch halbieren, in feine Streifen schneiden und gründlich waschen. Paprika klein schneiden. Einen Topf mit Öl erhitzen und die Zwiebel glasig anschwitzen. Paprika und Lauch hinzufügen und für 2 bis 4 Minuten mit anbraten. Mit Paprikapulver und Thymian bestreuen und mit Gemüsebrühe ablöschen.

3. Sobald das Gemüse weich ist, mit einem Pürierstab fein pürieren, Crème fraîche hinzufügen und mit Salz und Pfeffer abschmecken.

Für 1 Portion benötigst du:

1/2 rote Paprika
1/4 rote Zwiebel
1/4 Lauch
1 EL Rapsöl
1 TL Paprikapulver
1 TL frischer Thymian
300 ml glutenfreie Gemüsebrühe
1 EL leichte Crème fraîche
Salz und Pfeffer

Benötigte Utensilien:
1 Backblech mit Backpapier,
1 Küchenmesser, 1 Schneidebrett,
1 Topf, 1 Pürierstab

Zubereitung: 30 Minuten

Meditation für innere Ruhe: Auch ich habe vor einiger Zeit mit dem Meditieren angefangen, um meinem stressigen Alltag mit mehr Ruhe und Gelassenheit zu meistern. Direkt nach dem Aufstehen gelingt mir mittlerweile an 4 von 7 Tagen eine 20-minütige Meditation. Das Beste, es gibt Unmengen geführter Meditationen auf dem Markt, sodass wirklich für jeden etwas dabei ist. Mich bringt das Meditieren wirklich zur Ruhe und es entstresst mich total. Ich kann nur jedem empfehlen, es einmal auszuprobieren.

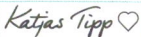

Nährwerte: 462 Kalorien, 11 g Eiweiß, 59 Kohlenhydrate, 7 g Ballaststoffe, 20 g Fett
Besonders reich an: Vitamin A, E, K

Hauptspeisen | **vegetarisch**

Orientalische Kurkuma-Gemüse-Reis-Pfanne

Diese orientalische Kurkuma-Gemüse-Reis-Pfanne ist nicht nur einfach und schnell zubereitet, sondern durch die Gewürze auch perfekt aromatisch und lecker. Das beweist: Reis kann so viel mehr als nur eine fade Beilage sein!

1. Reis in einen Topf geben und mit Wasser aufgießen. Für 10 Minuten kochen lassen und weitere 5 bis 8 Minuten quellen lassen. Zwiebel schälen und in feine Würfel schneiden. Karotte ebenfalls schälen, waschen und in mundgerechte Stücke schneiden.

2. Kichererbsen durch ein Sieb abgießen und abspülen. Eine Pfanne mit Öl erhitzen und Zwiebel glasig anschwitzen. Karotte, Kreuzkümmel, Kurkuma, Salz, Pfeffer und gegarten Reis hinzugeben. Für 2 bis 3 Minuten anbraten. Kichererbsen, Rosinen und Mandeln unterrühren und vom Herd nehmen.

3. Die Kurkuma-Gemüse-Reis-Pfanne auf Teller verteilen, mit gehackter Minze, Joghurt und Granatpfelkernen bestreuen.

Für 1 Portion benötigst du:

50 g Naturreis
150 ml Wasser
1 Karotte
1/2 Zwiebel
30 g Kichererbsen (Dose)
TL Rapsöl
1/8 TL Kreuzkümmel
1/8 TL Kurkuma
1 EL Rosinen
2 EL Mandeln
2 Zweige Minze (frisch)
2 EL Joghurt 1,5 %
1 EL Granatapfelkerne
Salz und Pfeffer

Benötigte Utensilien:
1 Topf klein, 1 Sparschäler,
1 Schneidebrett,
1 Küchenmesser, 1 Sieb,
1 Pfanne, 1 Pfannenwender,
1 Teller

Zubereitung: 30 Minuten

Nährwerte: 400 Kalorien, 16 g Eiweiß, 55 Kohlenhydrate, 15 g Ballaststoffe, 12 g Fett
Besonders reich an: Vitamin B6, K, Magnesium

Hauptspeisen vegetarisch

Afrikanisches Stew mit Orangen-Bulgur

Lust auf Abwechslung beim Meal Prep? Dann haben wir hier mal eine leckere Abwechslung zu Curry, Suppe und Co. Das afrikanische Stew schmeckt besonders lecker, wenn es durchziehen konnte und noch einmal aufgewärmt wird. Somit eignet es sich perfekt, um es in größerer Menge zu kochen und einzufrieren bzw. 1 bis 2 Tage im Kühlschrank aufzuheben. Den Bulgur und den Gewürzjoghurt kannst du dann ruckzuck in 5 Minuten frisch zubereiten.

1. Schütte die Bohnen im Sieb ab. Schäle die Zwiebel und schneide sie in kleine Würfel. Die Tomaten kannst du in etwas größere Würfel schneiden. Hacke die Petersilie fein. Wasche den Bulgur und lass ihn im Sieb abtropfen.

2. Erhitze das Öl im mittelgroßen Topf und schwitze die Zwiebeln darin an. Presse den Knoblauch hinein und gib die Tomatenwürfel dazu. Lass alles 6 bis 8 Minuten leicht köcheln. Bringe die Gemüsebrühe im kleinen Topf zum Kochen und gib den Bulgur hinein. Setze den Deckel auf den Topf und lass den Bulgur 10 Minuten leicht köcheln.

3. Gib die schwarzen Bohnen und das Sambal Olek mit zu den Tomaten, würze alles mit Salz, Pfeffer und Kreuzkümmel und rühre dann die Erdnussbutter ein. Lass das Stew nochmals 5 Minuten köcheln. Verrühre den Joghurt in der kleinen Schüssel mit etwas Salz und Kreuzkümmel.

4. Schütte evtl. überschüssige Brühe vom Bulgur ab, rühre den Orangensaft und die Butter ein und schmecke den Bulgur mit Salz und Pfeffer ab. Streue die Petersilie über das Stew und serviere es mit dem Orangen-Bulgur und dem gewürzten Joghurt.

Für 1 Portion benötigst du:

1/2 Zwiebel
3 Tomaten
60 g schwarze Bohnen (Dose)
50 g Bulgur
1 Zweig frische Petersilie
125 ml Gemüsebrühe
1 TL Erdnussöl
1/2 Knoblauchzehe
1 TL Cremige Erdnussbutter
1 Messerspitze Sambal Olek
1 EL Orangensaft
1 TL Butter
2 EL Joghurt 1,5 %
Kreuzkümmel
Salz und Pfeffer

Benötigte Utensilien:
1 Schneidebrett, 1 Küchenmesser, 1 feines Sieb, 1 Topf mittelgroß, 1 Topf mit Deckel klein, 1 Teelöffel, 1 Rührlöffel, 1 Messbecher, 1 Knoblauchpresse, 1 Schüssel klein, 1 Teller zum Anrichten

Zubereitung: 20 Minuten

VETOX Tipp: Serviere das afrikanische Stew statt Bulgur auch mal mit Couscous oder Pitabrot als Beilage. Frischer Koriander statt Petersilie gibt dem Gericht einen noch authentischeren Touch.

Nährwerte: 404 Kalorien, 16 g Eiweiß, 32 g Kohlenhydrate, 3 g Ballaststoffe, 24 g Fett
Besonders reich an: Vitamin E, K, Calcium

Hauptspeisen | vegetarisch

Caesar Salad

Caesar Salad ist ein bekannter Klassiker, den ihr auf unzähligen Speisekarten findet – im Original aber mit Hähnchenbrust. Wir haben den unkomplizierten Salat in einer vegetarischen Version für euch. Dank Knoblauch und Parmesan ist er auch ohne Fleisch herrlich würzig.

1. Schneide das Weißbrot in Würfel und röste es im heißen Öl in der Pfanne goldbraun und knusprig an.
2. Wasche den Romanasalat unter fließendem Wasser, lass ihn kurz abtropfen und schneide ihn dann in Streifen. Schneide die Minigurke in Scheiben. Reibe die Hälfte des Parmesans sehr fein und hobel den Rest in dünne Scheiben.
3. Verrühre Joghurt, Mayonnaise, Senf und Zitronensaft in der Schüssel. Presse den Knoblauch dazu und gib den geriebenen Parmesan mit hinein. Schmecke das Dressing mit Salz und Pfeffer ab. Verteile das Dressing auf dem Salat und bestreue ihn mit gehobeltem Parmesan und den Brotcroûtons.

Ready-to-eat-Salat: Ich liebe Salate in allen Formen und Arten, aber die Schnippelei ist natürlich mühsam … Keine Chance also, den Salat erst morgens vorzubereiten und mit zur Arbeit zu nehmen. Hier mein Ready-to-eat-Salat-Tipp: Ich verlese den Salat immer direkt ganz, zupfe ihn, schleudere ihn und dann ab damit in eine Zipper-Tüte. In die steche ich mit einem Messer noch schnell ein paar Löcher. Dann hält sich z. B. Eisbergsalat locker eine Woche lang und ich kann mir meinen Salat in unter 5 Minuten zubereiten. Die Tüte einfach ausspülen, trocknen lassen und wiederverwenden. Und das Beste: Dieses Prinzip lässt sich auch auf fast alle Rohkost anwenden, die du in deinem Salat haben möchtest.

Katjas Tipp ♡

VETOX Tipp: Romanasalat eignet sich perfekt als Salat zum Mitnehmen und Vorbereiten, da er von seiner Struktur her fest ist und nicht so schnell zusammenfällt. Wenn du den Salat meal-preppen möchtest, empfehlen wir dir, die Salatsoße erst beim Verzehr über den Salat zu geben. So bleibt er frisch und knackig.

Für 1 Portion benötigst du:

1 dicke Scheibe Vollkornbrot/Ciabatta
1 TL Sonnenblumenöl
1/2 Kopf Romanasalat
1 Minigurke
30 g Parmesan
1 EL Naturjoghurt
1 EL Mayonnaise
1/3 TL Senf
1/2 klein Knoblauchzehe
Salz und Pfeffer

Benötigte Utensilien: 1 Pfanne, 1 Pfannenwender, 1 Teelöffel, 1 Schneidebrett, 1 Küchenmesser, 1 Käsereibe, 1 Knoblauchpresse, 1 Schüssel, 1 Esslöffel, 1 Teller zum Anrichten

Zubereitung: 15 Minuten

Hauptspeisen
vegan

Deftige Linsensuppe nach dem Rezept von Katjas Mutter	117
Mexikanische Burrito-Bowl	119
Vegane Lupinen-Bolognese mit Rigatoni	121
Bowl mit Naturreis, Edamame, Mango und Gurke	123
Thai-Nudelsalat mit Edamame	125
Tofu-Ricotta-Pasta-Auflauf	127
Veganes Massaman-Curry mit Tempeh	129
Brokkoli-Mandel-Salat mit Tofu	131
Vegane Pizza-Suppe	133
Pasta mit Paprika-Walnuss-Pesto	135
Sommerrollen mit Tofu	137
Pikanter Couscous-Salat mit Grünkohl und Mais	139
Asiatischer Reisnudelsalat	141
Burrito gefüllt mit Avocadocreme und knackigem Gemüse	143
Süßkartoffel-Erdnuss-Eintopf	145
Glutenfreie Fusilli mit Brokkoli-Pesto	147
Cremige Kürbissuppe mit gerösteten Kichererbsen	148
Asiatischer Linsen-Salat to go	149
Schneller mediterraner Couscous-Salat	151
Köstliches Bohnen-Chili	153
Griechischer Couscous-Salat	155
Blumenkohl-Curry	157
Ausflug nach Asien – Low Carb Pad Thai	159
Schupfnudeln mit Sauerkraut	160
Reisnudel-Salat mit Ingwer-Sesam-Dressing und knusprigen Tofu	161

Diese Linsensuppe meiner Mutter koche ich bis heute, allerdings ohne Fleischeinlage. Das Rezept ist super easy und perfekt geeignet, um es in größeren Mengen zuzubereiten und einzufrieren.

Nährwerte: 469 Kalorien, 22 g Eiweiß, 56 g Kohlenhydrate, 14 g Ballaststoffe, 17 g Fett
Besonders reich an: Vitamin A, Vitamin K, Zink

Hauptspeisen | vegan

Deftige Linsensuppe nach dem Rezept von Katjas Mutter

Suppen eignen sich einfach hervorragend zum Vorkochen. Nicht nur weil einfach alles in einem großen Topf gekocht werden kann, die meisten Suppen schmecken am nächsten Tag sogar noch besser. Genau so ist es auch bei dieser Linsensuppe, die am nächsten Tag schön durchgezogen ist und köstlich-deftig schmeckt.

1. Sellerie, Kartoffel und Karotte waschen, schälen und in etwa gleich große Würfel schneiden. Lauch halbieren, in feine Ringe schneiden und anschließend waschen. Zwiebel schälen und fein hacken. Einen Topf mit Öl erhitzen und die Zwiebel glasig anschwitzen. Das restliche Gemüse nun hinzugeben und für 1 bis 2 Minuten mit anbraten.

2. Die Gewürze, das Tomatenmark und die braunen Linsen hinzugeben und ebenfalls leicht anbraten. Mit Wasser ablöschen und für 20 bis 25 Minuten köcheln lassen. Sobald die Linsen und das Gemüse gar sind, mit Salz und Pfeffer abschmecken. Streue am Schluss noch die Kresse über die Suppe.

Für 1 Portion benötigst du:

50 g Knollensellerie
1 Karotte
1 Kartoffel
50 g Lauch
1/2 Zwiebel
1 EL Rapsöl
1/2 TL Kreuzkümmel
1/2 TL Paprikapulver
1/2 TL Kurkuma
1 EL Tomatenmark
75 g braune Linsen
550 ml Wasser
1 TL Kresse
Salz und Pfeffer

Benötigte Utensilien:
1 Küchenmesser,
1 Schneidebrett, 1 Topf

Zubereitung: 25 Minuten

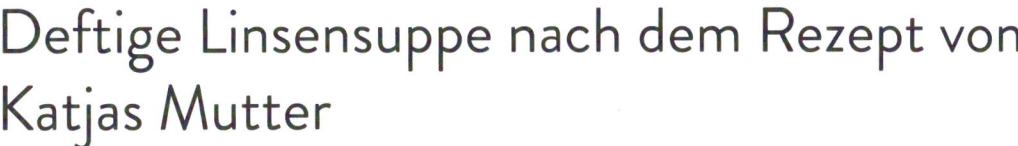

Ich gebe immer noch etwas weißen Balsamicoessig hinzu, das verleiht der Suppe den typisch deftigen Geschmack. Wenn es zu sauer wird, einfach mit etwas Agavendicksaft gegensteuern.

Katjas Tipp ♡

Nährwerte: 207 Kalorien, 6 g Eiweiß, 23 Kohlenhydrate, 2 g Ballaststoffe, 10 g Fett
Besonders reich an: Vitamin A, Vitamin E, Vitamin C, Magnesium

Hauptspeisen | vegan

Mexikanische Burrito-Bowl

Wir lieben Bowls! Bunt, gesund und unglaublich vielseitig! Knuspriges Sojahack und feurige Salsasoße harmonieren perfekt mit Bohnen, Mais und Paprika. Cremige Avocado sättigt angenehm und versorgt dich mit gesunden ungesättigten Fettsäuren.

1. Wasche den Salat und lass ihn abtropfen. Würfel die Zwiebel fein. Schneide die Paprika in dünne Streifen und halbiere die Kirschtomaten. Schneide die Avocado in Scheiben. Gieße Kidneybohnen und Mais im Sieb zum Abtropfen ab.

2. Erhitze das Öl in der Pfanne, gib die Zwiebeln und das Tofu-Hack hinein und brate alles bei größerer Hitze goldbraun-knusprig an. Presse zum Ende den Knoblauch dazu und würze das Hack mit Salz, Pfeffer und Kreuzkümmel.

3. Verteile den Salat, das Gemüse, die Kidneybohnen und den Mais in der Bowl. Würze alles mit etwas Salz, Pfeffer und Kreuzkümmel. Gib das Tofu-Hack darüber und träufle zum Schluss einen Esslöffel Salsasoße über der die Bowl.

Für 1 Portion benötigst du:

1 Handvoll Salat
1/4 rote Paprika
5 Kirschtomaten
1/4 Avocado
1/4 rote Zwiebel
1 Mais (Dose)
50 g Kidneybohnen (Dose)
1/2 Knoblauchzehe
100 g Sojahack
1 EL Maiskeimöl
Salz und Pfeffer
Kreuzkümmel
1 EL Salsasoße

Benötigte Utensilien:
1 Schneidebrett, 1 Küchenmesser, 1 Sieb, 1 Pfanne, 1 Pfannenwender, 1 Knoblauchpresse, 1 Bowl zum Anrichten

Zubereitung: 25 Minuten

 VETOX Tipp: *Für eine längere Sättigung kannst du der Bowl noch eine Portion Wild- oder Naturreis zufügen.*

Nährwerte: 433 Kalorien, 14 g Eiweiß, 71 g Kohlenhydrate, 9 g Ballaststoffe, 10 g Fett
Besonders reich an: Vitamin A, B1, B6, C, E, K

Hauptspeisen | vegan

Vegane Lupinen-Bolognese mit Rigatoni

Einmal Bolognese mit Pasta, aber ohne Fleisch? Das schmeckt sogar noch besser mit Lupine als Hauptzutat. Lupine ist dabei ein echter Allrounder, der auch als Soja-Ersatz perfekt geeignet ist. Dabei ist er gleichzeitig ein wahrer Eiweiß-Lieferant! Diese Bolognese ist in 10 bis 15 Minuten fertig und kann aufgegessen werden!

1. Schalotte und Knoblauchzehe schälen und fein hacken. Rote Paprika entkernen und in Würfel schneiden. Frühlingszwiebel waschen und in feine Ringe schneiden. Karotte waschen, schälen und in mundgerechte Stücke schneiden.

2. Einen Topf mit Öl erhitzen und die Zwiebel darin glasig anschwitzen. Das restliche Gemüse hinzufügen und für 1 bis 2 Minuten scharf anbraten. Tomatenmark und Lupinenschrot unterrühren und mit Gemüsebrühe ablöschen. Das Ganze für 15 Minuten bei niedriger Hitze köcheln lassen. Mit Salz und Pfeffer abschmecken.

3. Einen Topf mit genügend Wasser erhitzen und die Rigatoni laut Packungsanleitung al dente kochen. Pasta mit Lupine-Bolognese vermischen und genießen.

Für 1 Portion benötigst du:

1/2 Schalotte
1 Knoblauchzehe
1/4 rote Paprika
1/2 Frühlingszwiebel
1 Karotte
1 TL Olivenöl
1 EL Tomatenmark
80 g Rigatoni
30 g Lupinenschrot
100 ml Gemüsebrühe
150 g Tomaten (Dose)
Salz und Pfeffer

Benötigte Utensilien:
1 Küchenmesser,
1 Schneidebrett, 2 Töpfe

Zubereitung: 15 Minuten

Faktencheck gegen negative Gedanken: Wenn sich Stress in negativen Gedanken und Emotionen äußert, ist es immer sinnvoll, sich bewusst zu machen, ob man die Dinge richtig bewertet und ob das Problem, das einen stresst, wirklich so schlimm ist. Hierbei hilft ein Faktencheck: Hinsetzen, Fakten aufschreiben, analysieren. Meistens stellt man dann fest, dass man das Problem im Kopf viel größer gemacht hat, als es in Wirklichkeit ist.

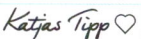

Nährwerte: 389 Kalorien, 13 g Eiweiß, 55 g Kohlenhydrate, 6 g Ballaststoffe, 13 g Fett
Besonders reich an: Vitamin A, B1, B6, C, K

Hauptspeisen vegan

Bowl mit Naturreis, Edamame, Mango und Gurke

Diese hübsche grün-gelbe Bowl ist nicht nur ein echter Hingucker, in ihr steckt auch geballte Nährstoff-Power. Naturreis und Edamame versorgen dich mit einer großen Portion Phosphor, sättigenden Ballaststoffen und pflanzlichem Eiweiß. Mango und Gurke bringen eine herrliche Frische in die Schüssel.

1. Setze in beiden Töpfen gesalzenes Wasser auf und gib die Edamame in den einen, den Reis in den anderen Topf, sobald das Wasser kocht. Lass die Edamame 6 Minuten kochen und schütte sie dann in dem Sieb ab. Der Reis braucht etwas länger, lass ihn 20 Minuten köcheln.

2. Löse die Mango vom Stein, entferne die Schale und schneide das Fruchtfleisch in kleine Würfel. Drehe die Gurke durch den Spiralschneider. Schneide den Koriander in feine Streifen.

3. Verrühre in der kleinen Schüssel Reisessig, Sesamöl und Miso zu einem Dressing. Schütte den Reis im Sieb ab. Richte nun den Reis, die Gurkenspiralen, die Edamame und Mangowürfel in der Bowl an. Gib das Dressing darüber und bestreue die Bowl mit Koriander und Sesam.

Für 1 Portion benötigst du:

50 g Naturreis
1/4 Mango
1/2 Salatgurke
50 g Edamame
1/2 TL Miso-Paste
2 Zweige frischer Koriander
1 TL Reisessig
1 TL Sesamöl
1 TL Sesam
Salz

Benötigte Utensilien:
2 Töpfe mit Deckel,
1 Sieb, 1 Schneidebrett,
1 Küchenmesser,
1 Spiralschneider,
1 Teelöffel, 1 Schüssel,
1 Schüssel zum Servieren

Zubereitung: 30 Minuten

VETOX Tipp: Wenn du keinen Spiralschneider hast, kannst du einfach mit einem Sparschäler dünnen Streifen von der Gurke schneiden. Alternativ würfelst du sie ganz einfach, dem Geschmack tut das keinen Abbruch.

Nährwerte: 566 Kalorien, 29 g Eiweiß, 55 g Kohlenhydrate, 10 g Ballaststoffe, 25 g Fett
Besonders reich an: Vitamin A, B1, B6, E, K, Calcium, Magnesium, Zink, Eisen

Hauptspeisen vegan

Thai-Nudelsalat mit Edamame

Mit diesem Abendessen machen wir mal wieder einen Ausflug nach Thailand. Sobald Reisnudel und Tempeh involviert sind, assoziieren wir immer unsere Lieblingsküche!

1. Gib die Reisnudeln in eine Schale und übergieße sie mit 300 ml kochendem Wasser. Lass sie für 5 Minuten ziehen und gieße dann das Wasser ab.
2. Wasche die Karotte und die Frühlingszwiebeln und schneide sie in feine Streifen. Schäle und schneide den Ingwer in feine Würfelchen. Erhitze das Erdnussöl in der Pfanne und brate Karotten, Frühlingszwiebeln, Ingwer und Edamame an.
3. Schneide den Tempeh in Würfel. Vermenge die Würfel mit Sojasoße und Erdnussbutter und brate den Tempeh in der zweiten Pfanne an.
4. Gib das Gemüse und den Tempeh zu den Nudeln. Mische alles unter und serviere es dann auf einem Teller. Streue das Chili und den Sesam darüber und lass es dir schmecken!

Für 1 Portion benötigst du:

100 g Edamame (TK)
1 Karotte
2 Frühlingszwiebeln
1 Stück Ingwer (1 cm)
1 EL Erdnussbutter
1 TL Sesam
100 g Tempeh
50 g Reisnudeln
2 EL (glutenfreie) Sojasoße
1 EL Erdnussöl
1 Prise Chili

Benötigte Utensilien: 1 Schale, 1 Schneidebrett, 1 Küchenmesser, 2 Pfannen

Zubereitung: 25 Minuten

VETOX Tipp: *Tempeh findest du oftmals nur im Asiamarkt. Alternativ kannst du Tofu (natur oder geräuchert) kross anbraten.*

Nährwerte: 916 Kalorien, 42 g Eiweiß, 109 g Kohlenhydrate, 8 g Ballaststoffe, 31 g Fett
Besonders reich an: Vitamin A, B1, B2, B6, C, E, K, Calcium, Magnesium, Zink, Eisen

Tofu-Ricotta-Pasta-Auflauf

Comfort Food, wie es im Buche steht! Ganz besonders lecker wird dieser Pasta-Auflauf aber vor allem durch den selbst gemachten Tofu-Ricotta. Unbedingt ausprobieren und immer wieder nachkochen.

1. Einen Topf mit Wasser aufsetzen und die Pasta laut Packungsanleitung al dente kochen. Zwiebel schälen und fein hacken. Eine Pfanne mit Öl erhitzen und die Zwiebel glasig anschwitzen. Tomatenmark, Paprikapulver und Chiliflocken unterrühren und mit passierten Tomaten ablöschen. Für 12 bis 15 Minuten köcheln lassen und mit Salz und Pfeffer würzen. Den Backofen auf 180 Grad (Ober- und Unterhitze) vorheizen.

2. Tofu grob mit den Händen zerbröseln und mit Cashewmus, Zitronensaft, Hefeflocken, Hafermilch, Salz und Pfeffer in eine hohe Schüssel geben und mit dem Handmixer pürieren.

3. Die Pasta durch ein Sieb abgießen. Eine Auflaufform mit Tomatensoße bestreichen. Die Pasta mit dem Tofu-Ricotta befüllen und in die Form setzen. Mit Schmelzkäse bestreuen und 15 Minuten backen.

Für 1 Portion benötigst du:

70 g Pasta
1/2 Zwiebel
1 TL Olivenöl
1 TL Tomatenmark
1/2 TL Paprikapulver
1/2 TL Chiliflocken
200 g Passierte Tomaten
50 g Tofu
1 EL Cashewmus
1 TL Zitronensaft
1 TL Hefeflocken
1 EL Hafermilch
2 EL Schmelzkäse (vegan)
Salz und Pfeffer

Benötigte Utensilien:
1 Topf, 1 Pfanne, 1 Küchenmesser, 1 Schneidebrett, 1 Schüssel, 1 Sieb, 1 Auflaufform, 1 Handmixer

Zubereitung: 20 Minuten

Nährwerte: 316 Kalorien, 18 g Eiweiß, 35 g Kohlenhydrate, 10 g Ballaststoffe, 11 g Fett
Besonders reich an: Vitamin A, B1, B2, B6, C, K, Magnesium, Zink, Eisen

Hauptspeisen vegan

Veganes Massaman-Curry mit Tempeh

Absolutes Wohlfühl-Essen ist und bleibt Curry. Dieses Massaman-Curry kommt aber ganz ohne Fleisch aus. Vielmehr wird es einfach durch Tempeh ersetzt.

1. Tempeh in mundgerechte Stücke schneiden. Kartoffel schälen und je nach Größe vierteln und noch einmal halbieren. Karotte schälen, halbieren und in feine Scheiben schneiden.

2. Einen Topf mit Öl erwärmen, Karotte, Tempeh und Kartoffeln anbraten. Ingwer und Massaman Currypaste unterrühren und für eine weitere Minute anbraten.

3. Mit Sojasoße, Wasser und Kokosmilch ablöschen und für 20 bis 25 Minuten köcheln lassen. 5 Minuten vor Ende der Kochzeit die Erbsen unterrühren und mit Salz und Pfeffer abschmecken. Das Curry mit Petersilie und Erdnüsse bestreuen und genießen.

Für 1 Portion benötigst du:

50 g Tempeh
150 g Kartoffeln
1 Karotte
1 TL Erdnussöl
1/2 TL Ingwer
1 TL Massaman Currypaste
1 TL Sojasoße
250 ml Wasser
50 ml Kokosmilch
50 g Erbsen (TK)
1 TL gehackte Petersilie
1 TL Erdnüsse
Salz und Pfeffer

Benötigte Utensilien:
1 Sparschäler, 1 Küchenmesser, 1 Schneidebrett, 1 Schüssel, 1 Löffel, 1 Teller

Zubereitung: 25 Minuten

Low-Carb-Reis: Wenn ich mal keine Kohlenhydrate essen will, dann stelle ich meine Reis-Alternative aus Blumenkohl her. Ich schreddere den Blumenkohl einfach in der Küchenmaschine und brate ihn mit Kokosöl und Zwiebeln an. Das ist sehr lecker und passt zum Beispiel perfekt zum Curry.

Katjas Tipp ♡

VETOX Tipp: Tempeh wird traditionell aus Sojabohnen hergestellt bzw. diese werden fermentiert. Das macht ihn leichter bekömmlicher als Tofu und kann in jedem gut sortierten Supermarkt gefunden werden.

Nährwerte: 755 Kalorien, 38 g Eiweiß, 39 g Kohlenhydrate, 17 g Ballaststoffe, 50 g Fett
Besonders reich an: Vitamin A, B1, B2, B6, C, E, K, Calcium, Magnesium, Zink, Eisen

Hauptspeisen vegan

Brokkoli-Mandel-Salat mit Tofu

Eine Mahlzeit für alle, die etwas Leichtes bevorzugen. Dieser Brokkoli-Mandel-Salat mit gebratenem Tofu ist genau das Richtige dafür – mit Kichererbsen, Karotte und einem Dressing mit Ingwer und Ahornsirup.

1. Brokkoli fein hacken und in einem Topf mit Wasser und Salz für 4 bis 5 Minuten köcheln. Karotte schälen, waschen und in feine Streifen schneiden. Mandeln grob hacken. Kichererbsen abgießen und mit Karotte und Mandeln in eine Schüssel geben. Den Tofu trocken tupfen und in Scheiben schneiden. Den gegarten Brokkoli abgießen und in die große Schüssel füllen.

2. Das Öl in einer Pfanne erhitzen und den Tofu rundum anbraten. Salz und Sesam hinzugeben und mehrmals verrühren. In einer kleinen Schüssel Ingwer, Zitronensaft, Rapsöl, Ahornsirup, Wasser und Senf miteinander verrühren. Mit Salz und Pfeffer abschmecken.

3. Tofu und Dressing zu dem Brokkoli-Salat geben und genießen.

Für 1 Portion benötigst du:

140 g Brokkoli
300 ml Wasser
1 Karotte
100 g Kichererbsen (Dose)
20 g Mandeln
100 g Tofu
2 EL weiße Sesamkörner
1 EL Öl
1 TL Ingwer
1/4 Zitrone
1 EL Rapsöl
1 EL Ahornsirup
1 EL Wasser
1/2 TL Senf
Salz und Pfeffer

Benötigte Utensilien:
1 Topf klein, 1 Küchenmesser, 1 Schneidebret, 1 Sieb, 1 Sparschäler, 1 Pfanne, 1 Pfannenwender, 1 Schüssel klein, 1 Schneebesen

Zubereitung: 15 Minuten

Always positiv: Ich glaube ja an Folgendes: Was wir denken, passiert auch – sowohl das Negative als auch das Positive. Deshalb ist es wichtig, auf unsere Gedanken zu achten. Wenn ich also immer nur negativ denke, dann wird es mir einfach nicht gut gehen. Wenn ich mich bemühe, positiv zu denken, das Gute im Leben zu sehen, dann wird auch mehr Gutes im Leben passieren. Man kann das trainieren: Für den Anfang hilft es, mindestens einmal am Tag darüber nachzudenken, wofür man dankbar ist. Dankbarkeit ist wirklich eine Art Superpower.

Katjas Tipp ♡

Nährwerte: 638 Kalorien, 35 g Eiweiß, 72 g Kohlenhydrate, 8 g Ballaststoffe, 19 g Fett
Besonders reich an: Vitamin A, B1, B2, B6, C, E, K, Calcium, Magnesium, Zink, Eisen

Hauptspeisen vegan

Vegane Pizza-Suppe

Pizza könntest du einfach an jedem Wochentag essen? Dann probiere doch mal für etwas Abwechslung diese Pizza-Suppe aus. Nicht nur vegan, sondern auch noch supereinfach und so lecker!

1. Tofu abtropfen und in mundgerechte Würfel schneiden. Zwiebel schälen und fein hacken. Paprika waschen, entkernen und in feine Schieben schneiden.

2. Einen Topf mit Öl erhitzen und die Zwiebel darin glasig anschwitzen. Paprika und Tofu hinzugeben. Tomatenmark, Gewürze und Kräuter unterrühren und für 1 Minute mit abraten.

3. Mit passierten Tomaten und Gemüsebrühe ablöschen und für 15 Minuten köcheln lassen. Die Petersilie mit Hefeflocken und Cashewmus zum Schluss unterrühren. Mit Salz und Pfeffer abschmecken.

Für 1 Portion benötigst du:

50 g Tofu
1/2 Zwiebel
1/4 Paprika
1 TL Olivenöl
1 TL Tomatenmark
1/2 TL Paprikapulver
1/4 TL Chiliflocken
1 TL getrockneter Basilikum
250 g Passierte Tomaten
150 ml Gemüsebrühe
1 TL gehackte Petersilie
1 TL Hefeflocken
1 TL Cashewmus
Salz und Pfeffer

Benötigte Utensilien: 1 Topf, 1 Küchenmesser, 1 Schneidebrett

Zubereitung: 20 Minuten

Das Kinder-Gemüse-Problem: Ich hatte als Kind eine Phase, in der ich fast nur Erdbeeren mit Sahne gegessen habe – ein absoluter Albtraum für meine Mutter damals. Was ich daraus gelernt habe, ist, meinen eigenen Kindern von Anfang alles an Obst und Gemüse anzubieten und spielerisch „unterzujubeln". In die Tomatensoße habe ich dann klitzekleine Karottenwürfel geschnitten oder Gemüsegerichten Fantasie-Namen gegeben. Aus einem Blumenkohlpüree wurden dann zum Beispiel das Prinzessinnen-Püree.

Katjas Tipp ♡

Nährwerte: 550 Kalorien, 13 g Eiweiß, 47 g Kohlenhydrate, 5 g Ballaststoffe, 35 g Fett
Besonders reich an: Vitamin B6, C, E

Hauptspeisen vegan

Pasta mit Paprika-Walnuss-Pesto

Vitamin-E-Booster: Die leckere Pasta mit Paprika-Walnuss-Pesto ist nicht nur super easy zuzubereiten, sondern dieses Gericht steckt auch voller gesunder Nährstoffe. Die Walnüsse und das Sonnenblumenöl versorgen dich mit ungesättigten, pflanzlichen Fettsäuren und einer Extraportion zellschützendem Vitamin E.

1. Heize den Backofen auf 220 Grad (Ober- und Unterhitze) vor. Lege die Paprika mit der Rundung nach oben auf ein Blech. Schiebe das Blech im oberen Drittel in den Ofen und lass die Paprika ca. 15 bis 20 Minuten darin backen, bis die Haut dunkel wird und beginnt, sich abzulösen.

2. Gib die Walnüsse in die Pfanne und röste sie ohne Fett bei mittlerer Hitze 5 Minuten an. Erhitze gleichzeitig einen Topf mit Wasser und Salz und koche deine Nudeln für 10 bis 15 Minuten, je nachdem, wann sie für dich die perfekte Konsistenz erreicht haben. Gieße die Nudeln durch ein Sieb ab.

3. Löse mithilfe eines Messers die äußere Haut der Paprika ab. Schneide das Paprikafilet in Stücke und gib sie zusammen mit den Walnüssen, dem Basilikum und 3 TL Sonnenblumenöl in den hohen Becher. Püriere die Masse zu einem geschmeidigen Pesto. Ist es dir zu dick, gib noch 2 bis 3 EL Wasser hinzu. Richte das Pesto gemeinsam mit den gekochten Nudeln an.

Für 1 Portion benötigst du:

1/2 rote Paprika
25 g Walnüsse
3 TL Sonnenblumenöl
2 Zweige frischer Basilikum
60 g Dinkelnudeln
Salz und Pfeffer

Benötigte Utensilien:
1 Backblech mit Backpapier,
1 Pfanne, 1 Pfannenwender,
1 Schneidebrett, 1 Küchenmeser,
1 hoher Becher, 1 Teelöffel,
1 Pürierstab, 1 Topf mit Deckel,
1 Sieb

Zubereitung: 30 Minuten

Raffiniert, einfach und gesund – dieses Rezept ist meine absolute Herzensempfehlung für ein köstlich gesundes Schlemmer-Dinner!

Katjas Tipp ♡

 VETOX Tipp: Wenn es schneller gehen soll, musst du die Paprika nicht unbedingt vorher rösten. Allerdings lohnt sich der Zeitaufwand, denn durch die Röstaromen wird das Pesto herrlich aromatisch.

Nährwerte: 291 Kalorien, 19 g Eiweiß, 26 g Kohlenhydrate, 8 g Ballaststoffe, 12 g Fett
Besonders reich an: Vitamin A, B6, C, E, K, Magnesium, Zink

Sommerrollen mit Tofu

Herrlich leicht, bekömmlich und kalorienarm! Die Sommerrollen sind das perfekte Essen für warme Tage, und sie eignen sich auch prima zum Mitnehmen. Außerdem machen sie auch optisch echt was her und sind eine tolle Überraschung für Gäste.

1. Schäle die Mango und wasche das restliche Gemüse. Schneide von der Frühlingszwiebel die Wurzelplatte und das obere Drittel des Grüns ab. Schneide die Paprika, die Karotte, die Frühlingszwiebel, den Rotkohl und die Mango jeweils in dünne Streifen.
2. Schneide den Tofu in Streifen. Erhitze das Sesamöl in der Pfanne und brate die Tofustreifen darin von allen Seiten goldgelb an.
3. Verrühre die Sojasoße und den Honig miteinander in der kleinen Schüssel und presse die Knoblauchzehe dazu.
4. Gib 4 EL Wasser in den flachen Teller. Lege jeweils ein Reispapier-Blatt ca. 10 Sekunden darin ein, bis es sich mit Wasser vollgesogen hat. Nimm das Reispapier-Blatt heraus und lege es auf das Schneidebrett. Befülle es mit der Hälfte der Tofustreifen, der Gemüsestreife sowie mit den Mangostreifen. Klappe die zwei gegenüberliegenden Seiten ein und rolle alles straff zusammen. Verfahren mit dem zweiten Reispapier-Blatt genauso. Richte die fertigen Sommerrollen mit der Soße an.

Für 1 Portion benötigst du:

1/2 Paprika
1 Karotte
1 Frühlingszwiebel
4 Blatt Reispapier
1/4 Mango
2 cm Scheibe Rotkohl
100 g Räuchertofu
1 TL Sesamöl
1 EL Sojasoße
1 TL Honig
1 TL Zitronensaft
1/2 Knoblauchzehe
4 EL Wasser

Benötigte Utensilien:
1 Schneidebrett, 1 Küchenmesser, 1 Pfanne, 1 Pfannenwender, 1 Teelöffel, 1 Esslöffel, 1 Schüssel, 1 Knoblauchpresse, 1 flacher Teller, 1 Teller zum Anrichten

Zubereitung: 20 Minuten

VETOX Tipp: *Damit deine Sommerrollen am nächsten Tag nicht aneinanderkleben, lege einfach kleine Backpapierstücke dazwischen.*

Nährwerte: 415 Kalorien, 13 g Eiweiß, 62 g Kohlenhydrate, 12 g Ballaststoffe, 12 g Fett
Besonders reich an: Vitamin A, E, K, Zink

Hauptspeisen | vegan

Pikanter Couscous-Salat mit Grünkohl und Mais

Hast du schon einmal Couscous-Salat probiert? Die Köstlichkeit der orientalischen Küche gibt es oft in arabischen Lokalen.

1. Koche den Couscous nach Packungsanleitung.
2. Gib dann den Rote-Bete-Saft hinzu und rühre gut um. Wasche und schneide Grünkohl, Rote Bete und Karotte – die Karotten in Scheiben, den Grünkohl und die Rote Bete in mundgerechte Stücke. Dünste alles mit etwas Wasser für 5 Minuten in der Pfanne an. Schäle und schneide auch die Schalotte in feine Ringe, diese bleibt aber roh.
3. Gib dann das Gemüse zum Perlencouscous. Spüle den Mais im Sieb unter Wasser kurz ab und hebe dann auch diesen unter den Couscous. Alles mit den Schalottenringen, Olivenöl und Balsamicoessig durchmischen, dann auf einem Teller verteilen.
4. Im letzten Schritt mit Mandeln, Salz und Pfeffer toppen und schmecken lassen!

Für 1 Portion benötigst du:

1 Karotte
1 Rote Bete
1 Handvoll Grünkohl
80 g Mais (Dose)
2 EL Rote-Bete-Saft
50 g Couscous
1/2 Schalotte
1 EL Mandeln
1 TL Olivenöl
1 EL Balsamicoessig
Salz und Pfeffer

Benötigte Utensilien: 1 Topf, 1 Pfanne, 1 Schneidebrett, 1 Küchenmesser, 1 Sieb, 1 Teller zum Anrichten

Zubereitung: 25 Minuten

VETOX Tipp: Diesen Salat kannst du auch prima beim nächsten Dinnerdate als Beilage servieren!

Nährwerte: 343 Kalorien, 10 g Eiweiß, 55 g Kohlenhydrate, 7 g Ballaststoffe, 9 g Fett
Besonders reich an: Vitamin A, K

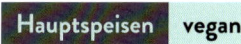

Asiatischer Reisnudelsalat

Dieser Salat ist ein echtes Blitzrezept. Doch er ist nicht nur im Handumdrehen zubereitet, sondern lässt sich auch prima vorbereiten und mitnehmen.

1. Bringe Salzwasser im Topf zum Kochen. Gib die Reisnudeln hinein und lass sie 4 bis 5 Minuten garen. Schütte sie danach gleich in das Sieb ab.
2. Schäle die Karotte und schneide sie mithilfe des Sparschälers in dünne Streifen. Entferne von der Frühlingszwiebel die Wurzelplatte und das obere Drittel des Grüns. Schneide die Frühlingszwiebel ebenfalls in dünne Streifen.
3. Röste den Sesam ohne Öl kurz in der Pfanne goldgelb an. Verrühre Sesamöl, Essig, Sojasoße, Limettensaft und Honig in der Schüssel. Gib die Reisnudeln, Frühlingszwiebel- und Karottenstreifen dazu und vermische alles. Schmecke den asiatischen Reisnudelsalat mit Salz und Pfeffer ab, streue den gerösteten Sesam darüber und verteile zum Schluss ein paar Koriander-Blättchen darauf.

Für 1 Portion benötigst du:

60 g Reisnudeln
Salzwasser
1 Karotte
1 Frühlingszwiebel
1 TL Sesam
1 TL Sesamöl
1 TL weißer Balsamicoessig
1 TL (glutenfreie) Sojasoße
1 TL Limettensaft
1 TL Honig
Pfeffer
1 Zweig frischer Koriander

Benötigte Utensilien: 1 Topf, 1 Schneidebrett, 1 Küchenmesser, 1 Sparschäler, 1 Sieb, 1 Pfanne, 1 Teelöffel, 1 Schüssel

Zubereitung: 10 Minuten

 VETOX Tipp: Statt mit Sesam kannst du den Salat auch mit gerösteten Erdnüssen bestreuen.

Nährwerte: 373 Kalorien, 26 g Eiweiß, 40 g Kohlenhydrate, 9 g Ballaststoffe, 12 g Fett
Besonders reich an: Vitamin C, E, K, Magnesium, Zink, Eisen

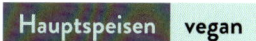

Burrito gefüllt mit Avocadocreme und knackigem Gemüse

Burritos könnte es bei uns wirklich jeden Tag geben – besonders, weil sie so unglaublich wandelbar sind und man sie mit jeder Kombination befüllen kann.

1. Wasche und schneide die Paprika in Streifen. Schneide ebenso den Tempeh in Streifen. Brate dann alles mit der Sojasoße in der Pfanne an, bis der Tempeh von allen Seiten goldbraun ist.
2. Schäle und entkerne die Avocado und zerdrücke sie mit der Gabel zu einer feinen Masse. Schmecke mit Salz und Pfeffer ab.
3. Wasche die Tomaten und schneide sie in Scheiben. Wasche auch die Petersilie und entferne die Blättchen vom Stiel. Kippe das Wasser von den Bohnen und spüle sie unter fließendem Wasser kurz im Sieb ab.
4. Nun geht es ans Anrichten: Nimm den Wrap, bestreiche ihn mit der Avocadocreme und gib dann das Gemüse, den Tempeh, die Bohnen, die Cashewkerne und die Petersilie hinein. Vorsichtig zuklappen – und hineinbeißen!

Für 1 Portion benötigst du:

1/4 Avocado
1/4 Paprika
1 Handvoll Kirschtomaten
1 Wrap
100 g Tempeh
100 g Kidneybohnen
1 EL Sojasoße
1 EL Cashews
1 Zweig frische Petersilie
Salz und Pfeffer

Benötigte Utensilien:
1 Schneidebrett, 1 Küchenmesser,
1 Pfanne, 1 Gabel, 1 Schale,
1 Sieb, 1 Teller zum Anrichten

Zubereitung: 15 Minuten

VETOX Tipp: Du kannst die Cashewkerne vor dem Anrichten auch noch kurz in der Pfanne anbraten. Einfach die Pfanne auf höchste Stufe stellen, die Cashews (ohne Öl) hineingeben und gut umrühren, damit sie von allen Seiten goldbraun werden, ohne dabei anzubrennen.

Nährwerte: 452 Kalorien, 17 g Eiweiß, 61 g Kohlenhydrate, 14 g Ballaststoffe, 14 g Fett
Besonders reich an: Vitamin A, B1, B2, B6, C, E, K, Magnesium, Zink, Eisen

Süßkartoffel-Erdnuss-Eintopf

Hast du Erdnussbutter schon einmal in herzhaften Gerichten verwendet? Wenn nicht, dann ist jetzt genau die richtige Zeit dazu! Dieser cremige Erdnuss-Süßkartoffel-Eintopf wärmt und schmeckt einfach himmlisch.

1. Zwiebel und Knoblauch schälen, klein schneiden und mit dem Öl in der Pfanne anbraten. Währenddessen auch die Süßkartoffel schälen und in Würfel schneiden.
2. Den Spinat waschen. Dann die Zwiebeln mit den gehackten Tomaten ablöschen und Süßkartoffel und Spinat hinzugeben. Alles gut umrühren und 10 Minuten köcheln lassen.
3. Die Kichererbsen aus der Dose im Sieb unter fließendem Wasser kurz abspülen und dann in den Eintopf schütten. Nun die Erdnussbutter sowie die Gewürze hinzugeben, erneut gut umrühren und dann alles in eine Schale füllen.
4. Mit dem Sojajoghurt und den Erdnüssen garnieren und loslöffeln.

Für 1 Portion benötigst du:

100 g gestückelte Tomaten (Dose)
150 g Süßkartoffel
1/2 Zwiebel
1 Knoblauchzehe
1 Handvoll Spinat
100 g Kichererbsen (Dose)
1 EL Erdnussbutter
1 EL Erdnüsse
2 EL Sojajoghurt
1 TL Erdnussöl
Kreuzkümmel
Chilipulver
Salz und Pfeffer

Benötigte Utensilien:
1 Schneidebrett, 1 Küchenmesser, 1 Pfanne, 1 Sieb

Zubereitung: 25 Minuten

 VETOX Tipp: *Natürlich kannst du statt Erdnussbutter auch ein anderes Nussmus nehmen. Mandelmus zum Beispiel schmeckt in diesem Gericht auch wunderbar!*

Nährwerte: 483 Kalorien, 22 g Eiweiß, 58 g Kohlenhydrate, 8 g Ballaststoffe, 18 g Fett
Besonders reich an: Vitamin A, B1, B2, B6, C, K, Magnesium, Zink, Eisen

Hauptspeisen | vegan

Glutenfreie Fusilli mit Brokkoli-Pesto

Von wegen keine Pasta bei Glutenintoleranz! Inzwischen gibt es zum Glück jede Menge leckerer Alternativen, die alle ganz ohne Gluten auskommen. Und mit unserem selbst gemachten Pesto wird das Ganze absolut unwiderstehlich!

1. Koche die Nudeln nach Packungsanleitung.
2. Schneide den Brokkoli in Stücke und dünste diese für 10 Minuten bei mittlerer Hitze mit einem Schluck Wasser in der Pfanne. Kippe dann das Wasser ab.
3. Wasche den Spinat und schäle die Knoblauchzehe, füge dann alles mit der Sojacuisine, dem Leinöl und den Cashewkernen in den Mixer. Mixe, bis eine glatte Masse entsteht.
4. Hebe dein Pesto unter die Penne, schmecke mit Salz und Pfeffer ab und gib dann alles auf einen Teller. Mit Hefeflocken bestreuen und schmecken lassen!

Für 1 Portion benötigst du:

100 g Brokkoli
1 Handvoll frischer Spinat
1 Knoblauchzehe
30 ml Sojacuisine
70 g glutenfreie Fusilli
1 EL Leinöl
1 EL Cashewkerne
1 EL Hefeflocken
Salz und Pfeffer

Benötigte Utensilien: 1 Topf, 1 Schneidebrett, 1 Küchenmesser, 1 Pfanne, 1 Mixer

Zubereitung: 25 Minuten

Jeden Tag gesunde Öle: Ich habe mir angewöhnt, jeden Tag gesunde Omega-3-Öle zu mir zu nehmen. Entweder gebe ich es in mein Salatdressing oder nehme es einfach wie Medizin mit einem Löffel. Den Effekt finde ich sehr spürbar! Ich fühle mich damit wacher und kann mich besser konzentrieren.

Katjas Tipp ♡

Hauptspeisen | **vegan**

Cremige Kürbissuppe mit gerösteten Kichererbsen

Für 1 Portion benötigst du:

- 100 g Kichererbsen (Dose)
- 1/2 TL Rapsöl
- 1/4 TL Paprikapulver
- 200 g Hokkaido-Kürbis
- 1 TL Ingwer
- 1/2 TL Rapsöl
- 150 ml Gemüsebrühe
- 100 ml Kokosmilch
- 20 ml Orangensaft
- 1 EL Currypulver
- 1 TL frischer Rosmarin
- Salz und Pfeffer

Benötigte Utensilien:
1 Backblech mit Backpapier,
1 Sieb, 1 Schüssel, 1 Löffel,
1 Küchenmesser, 1 Schneidebrett,
1 Topf, 1 Pürierstab

Zubereitung: 25 Minuten

Jedes Jahr im Herbst: Kürbis-Saison! Was da auf keinen Fall fehlen darf, ist eine cremige Kürbissuppe mit einem Hauch Ingwer und obendrauf im Backofen geröstete Kichererbsen.

1. Den Backofen auf 180 Grad (Ober- und Unterhitze) vorheizen und ein Backblech mit Backpapier zur Seite legen. Kichererbsen abgießen und in eine Schüssel mit Öl, Paprikapulver, Salz und Pfeffer verrühren. Auf das Backblech verteilen und für 15 Minuten rösten.

2. Kürbis in grobe Stücke schneiden. Den Ingwer fein hacken. Einen Topf mit Öl erhitzen und den Kürbis anbraten. Ingwer hinzufügen und mit Gemüsebrühe, Kokosmilch und Orangensaft ablöschen. Für 15 bis 20 Minuten köcheln lassen, bis der Kürbis gar ist. Mit Currypulver, Salz und Pfeffer abschmecken. Zu einer cremigen Suppe pürieren und mit den Kichererbsen und Rosmarin servieren.

Nährwerte: 270 Kalorien, 11 g Eiweiß, 32 g Kohlenhydrate, 10 g Ballaststoffe, 10 g Fett
Besonders reich an: Vitamin A, B6, C, E, K, Magnesium, Eisen

Hauptspeisen | vegan

Asiatischer Linsen-Salat to go

Mittags, halb 2 in Deutschland: Dein Magen knurrt und dein Körper braucht unbedingt schnell eine gesunde Stärkung. Wie gut, wenn du vorgesorgt hast und deine Lunch-Mahlzeit direkt griffbreit und fertig zum Essen ist. Wir haben hier eine tolle Salat-Idee zum Mitnehmen. Die Linsen versorgen dich mit einer Portion pflanzlichem Eiweiß und Kohlenhydraten, die dir lange Energie geben. So hast du direkt wieder Power nach dem Essen.

1. Bringe 200 ml Wasser mit etwas Salz in einem kleinen Topf zum Kochen. Gib die Linsen hinzu und lasse sie 20 Minuten kochen. Wasche den Salat und lass ihn im Sieb abtropfen.
2. Schäle die Mango und schneide das Fruchtfleisch in kleine Würfelchen. Schneide die Paprika ebenso in Würfel. Verrühre in der Schüssel Sesamöl, Zitronensaft und die Asia-Soße.
3. Schütte die gegarten Linsen durch ein Sieb ab und lass sie kurz abkühlen. Gib sie dann zum Dressing in die Schüssel, vermische alles gut. Hebe jetzt die Mango- und Paprikawürfel unter und gib ganz zum Schluss die Salatblätter hinzu. Schmecke den Salat noch mit Salz und Pfeffer ab.

Für 1 Portion benötigst du:

50 g Beluga-Linsen
1 Handvoll Salat
1/4 rote Paprika
1/4 Mango
1 TL Sesamöl
1 TL Zitronensaft
1 TL Asia-Chili-Knoblauch-Soße
Salz und Pfeffer

Benötigte Utensilien: 1 Topf mit Deckel, 1 Sieb, 1 Messbecher, 1 Schneidebrett, 1 Küchenmesser, 1 Schüssel, 1 Teelöffel, 1 Glas mit Deckel zum Aufbewahren, 1 Esslöffel

Zubereitung: 25 Minuten

 VETOX Tipp: Du kannst diesen Salat zum Mitnehmen auch prima in ein Schraubglas mit Deckel füllen. Schichte dazu die Linsen, die Paprika- und Mangowürfel sowie den Spinat abwechselnd in das Glas und träufle zum Schluss das Dressing darüber.

Nährwerte: 174 Kalorien, 6 g Eiweiß, 22 g Kohlenhydrate, 5 g Ballaststoffe, 6 g Fett
Besonders reich an: Vitamin A, C, K

Nährwerte: 462 Kalorien, 14 g Eiweiß, 76 g Kohlenhydrate, 11 g Ballaststoffe, 11 g Fett
Besonders reich an: Vitamin A, B1, B6, C, E, K, Magnesium, Zink

Hauptspeisen | vegan

Schneller mediterraner Couscous-Salat

Keine Zeit für ein warmes Mittagessen, dann probiert doch mal diesen mediterranen Couscous-Salat aus! Er lässt sich sehr gut schon am Abend davor zubereiten und dann ganz entspannt zur Arbeit mitnehmen.

1. Zwiebel und Knoblauch schälen und fein hacken. Paprika waschen, entkernen und in dünne Streifen schneiden. Die Tomate waschen und klein würfeln. Mais abgießen und abtropfen lassen. Petersilie waschen, trocken schütteln und fein hacken.

2. Einen Topf mit Öl erhitzen und die Zwiebel glasig anschwitzen. Paprika, Knoblauch, Tomaten und Mais dazugeben und mit anbraten. Den Couscous unterrühren und mit Gemüsebrühe ablöschen. Mit Zitronensaft, Kreuzkümmel, Paprikapulver und Currypulver abschmecken, vom Herd nehmen und 10 Minuten quellen lassen. Mit Salz und Pfeffer würzen und genießen.

Für 1 Portion benötigst du:

1/2 Zwiebel
1 Knoblauchzehe
1/4 rote Paprika
1 Tomate
50 g Mais (Dose)
2 EL glatte Petersilie
1 TL Olivenöl
80 g Couscous
150 ml Gemüsebrühe
1 TL Zitronensaft
1/2 TL Kreuzkümmel
1/2 TL Paprikapulver
1/2 TL Currypulver
Salz und Pfeffer

Benötigte Utensilien:
1 Küchenmesser, 1 Schneidebrett, 1 Sieb, 1 Topf, 1 Schüssel

Zubereitung: 10 Minuten

Zitronen-Ingwer-Wasser: Mein absoluter Energy-Tipp für volle Power bei der Arbeit und leuchtende Haut – also den besonderen Glow: Zitronen-Ingwer-Wasser! Als meine Sendung von zwei auf drei Stunden verlängert wurde, war ich danach nur noch platt und nicht mehr zu gebrauchen. Jetzt trinke ich jeden Tag zwei Liter Zitronen-Ingwer-Wasser während meiner Sendung und könnte locker weiter machen. Einfach zwei Liter Wasser aufsetzen, bis es 70 Grad hat, 10 cm Ingwer in kleine Scheiben schneiden und zusammen mit dem Saft einer halben Zitrone zum Wasser geben. Ab in die Thermoskanne damit, und mein Tag kann starten! Der beste Tipp für alle, denen das Wassertrinken genauso schwerfällt wie mir.

Nährwerte: 405 Kalorien, 21 g Eiweiß, 44 g Kohlenhydrate, 24 g Ballaststoffe, 16 g Fett
Besonders reich an: Vitamin A, B1, B2, B6, K, Magnesium, Zink, Eisen

Hauptspeisen | vegan

Köstliches Bohnen-Chili

Du bist auf der Suche nach einem unkomplizierten Essen zum Vorbereiten oder Einfrieren? Dann ist dieses leckere Bohnen-Chili genau das Richtige. Obendrein ist es ein echtes Nährstoff-Booster-Rezept, denn es liefert dir eine gute Portion pflanzliches Eiweiß und Ballaststoffe.

1. Schneide die Schalotte in kleine Würfel und hacke den Knoblauch klein. Entferne aus der Paprika das Kerngehäuse und schneide sie ebenfalls in kleine Würfel. Schneide den Koriander in feine Streifen.
2. Spüle die roten Linsen im Sieb und stelle sie in einer kleinen Schüssel beiseite. Schütte dann die Kidneybohnen aus der Dose in das Sieb und spüle sie ebenfalls gut ab.
3. Erhitze das Öl im Topf und dünste zuerst die Schalottenwürfel und den Knoblauch darin an. Gib dann die Paprika und die grünen Bohnen hinzu, würze das Gemüse mit etwas Salz und lass es 3 Minuten andünsten. Gib nun die roten Linsen hinzu, gieße die Gemüsebrühe an und gib die gehackten Tomaten dazu. Lege den Deckel auf und lass das Chili 10 Minuten leicht köcheln.
4. Schmecke das Bohnen-Chili mit Salz, Pfeffer und Kreuzkümmel ab und serviere es mit frischem Koriander bestreut.

Für 1 Portion benötigst du:

1 Schalotte
1 Knoblauchzehe
2 Zweige frischer Koriander
1/2 Paprika
30 g rote Linsen
60 g Kidneybohnen
1 TL Olivenöl
60 g grüne Bohnen gefroren
100 ml Gemüsebrühe
100 g gestückelte Tomaten (Dose)
Kreuzkümmel
Salz und Pfeffer

Benötigte Utensilien:
1 Schneidebrett,
1 Küchenmesser, 1 Sieb,
1 Schüssel, 1 Topf mit Deckel,
1 Rührlöffel, 1 Teelöffel, 1 Teller zum Anrichten

Zubereitung: 30 Minuten

Käferbohnen-Salat: Meine Mutter hat früher immer einen Käferbohnen-Salat gemacht, den ich heute noch nachkoche. Namensgebend sind die kleinen Punkte auf den braunen Bohnen, die sie wie kleine Käfer aussehen lassen. Wenn ich welche auf dem Markt sehe, kaufe ich sie direkt auf Vorrat ein. Ich lasse sie über Nacht einweichen, dann kann man sie wunderbar zu einem Bohnensalat verarbeiten, ein Püree daraus kochen oder auch als Suppeneinlage verwenden.

 VETOX Tipp: *Wie jedes Gericht mit Hülsenfrüchten schmeckt dieses Bohnen-Chili besonders gut, wenn es etwas durchziehen konnte. Deswegen eignet es sich prima zum Vorkochen oder Einfrieren.*

Nährwerte: 482 Kalorien, 15 g Eiweiß, 73 g Kohlenhydrate, 11 g Ballaststoffe, 13 g Fett
Besonders reich an: Vitamin A, B1, B6, Vitamin C, E, K, Magnesium, Eisen, Zink

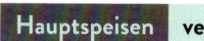

Griechischer Couscous-Salat

Du suchst mal nach einer Abwechslung, wenn es um dein Mittagessen geht? Dann schau dir dieses Rezept für unseren griechischen Couscous-Salat an! Perfekt zum Vorbereiten am Abend, für unterwegs oder ganz entspannt am nächsten Tag zum Mittagessen!

1. Couscous in eine Schüssel geben und mit heißem Wasser übergießen. Abgedeckt für 15 Minuten quellen lassen.

2. Gurke waschen und in kleine Würfel schneiden. Rote Paprika waschen, entkernen und ebenfalls in Würfel schneiden. Rote Zwiebel schälen und fein hacken. Tomaten waschen und vierteln. Petersilie waschen, trocken schütteln und fein hacken. Kichererbsen abgießen und mehrmals abspülen. In eine große Schüssel mit dem geschnittenen Gemüse geben.

3. Essig, Öl, Zitronensaft, Knoblauch, Oregano und Senf miteinander vermischen und mit Salz und Pfeffer abschmecken. Den Couscous zu dem Gemüse geben und mit dem Dressing vermischen.

Für 1 Portion benötigst du:

80 g Couscous
150 ml heißes Wasser
1/2 Gurke
1/2 rote Paprika
1/2 rote Zwiebel
50 g Cherrytomaten
2 EL glatte Petersilie
50 g Kichererbsen (Dose)
1/2 EL Rotweinessig
1 EL Olivenöl
1 TL Zitronensaft
1 TL Knoblauchzehe
1/2 TL getrockneter Oregano
1/2 TL Senf
Salz und Pfeffer

Benötigte Utensilien:
2 Schüsseln, 1 Küchenmesser, 1 Schneidebrett, 1 Schneebesen

Zubereitung: 10 Minuten

Nährwerte: 281 Kalorien, 14 g Eiweiß, 36 g Kohlenhydrate, 15 g Ballaststoffe, 8 g Fett
Besonders reich an: Vitamin A, B1, B2, B6, C, K, Magnesium, Zink, Eisen

Blumenkohl-Curry

Mal wieder keine Idee, was es zum Abendessen geben soll? Dann ran an den Topf und mache dieses Blumenkohl-Curry! So schön cremig und lecker und voller Gemüse! Dann hast du nicht nur eine Ladung Gemüse gegessen, sondern auch gleichzeitig richtige Vitamin-K- und -C-Booster zu dir genommen!

1. Zwiebel, Knoblauchzehe und Ingwer schälen und fein hacken. Blumenkohl waschen und in kleine Röschen teilen. Kartoffeln waschen, schälen und in mundgerechte Würfel schneiden. Paprika waschen, entkernen und ebenfalls würfeln.

2. Einen Topf mit Öl erhitzen und die Zwiebel darin glasig anschwitzen. Das restliche Gemüse, rote Currypaste, Currypulver, Kreuzkümmel und Kurkuma hinzufügen und für eine weitere Minute mit anbraten. Mit Kokosmilch ablöschen und so lang bei niedriger Hitze köcheln lassen, bis das Gemüse gar ist. Erbsen zum Schluss unterrühren und mit Limettensaft, Salz und Pfeffer abschmecken. Das Curry mit Sesam und Frühlingszwiebel bestreuen und genießen.

Für 1 Portion benötigst du:

1/2 Zwiebel
1 Knoblauchzehe
1/2 TL Ingwer
250 g Blumenkohl
80 g Kartoffel
1/4 rote Paprika
1 TL Olivenöl
1 TL rote Currypaste
1 TL Currypulver
1/2 TL Kreuzkümmel
1/2 TL Kurkuma
200 ml Kokosmilch
50 g Erbsen (TK)
1/2 TL Limettensaft
1/2 Frühlingszwiebel
1/2 TL Sesam
Salz und Pfeffer

Benötigte Utensilien:
1 Küchenmesser, 1 Schneidebrett, 1 Topf

Zubereitung: 20 Minuten

Nährwerte: 419 Kalorien, 33 g Eiweiß, 20 g Kohlenhydrate, 8 g Ballaststoffe, 23 g Fett
Besonders reich an: Vitamin A, B1, B2, B6, C, E, K, Calcium, Magnesium, Zink, Eisen

Hauptspeisen — vegan

Ausflug nach Asien – Low Carb Pad Thai

Das thailändische Nationalgericht ist der Liebling in der asiatischen Küche. Klassisch mit Reisnudeln zubereitet, haben wir hier eine super Low-Carb-Alternative für dich!

1. Wasche die Zucchini. Verwende nun den Spiralschneider, um aus den Zucchini Nudeln zu machen, indem du die Zucchini immer weiter hineindrehst.
2. Schneide die Karotte und die Frühlingszwiebeln in feine Scheiben, den Tofu würfelst du. Stelle das Gemüse beiseite.
3. Erhitze 200 ml Wasser im Topf und gib die Zucchini-Nudeln hinein. Sie brauchen nur ca. 2 bis 3 Minuten, um gar zu werden. In der Zwischenzeit erhitzt du das Öl in der Pfanne und schlägst das Ei darin auf.
4. Gieße das Wasser von den Zucchini-Nudeln ab und gib sie zu dem stockenden Ei. Nun kommen das andere Gemüse, der Tofu und die weiteren Zutaten für die Soße hinzu, bis auf die Erdnussstückchen. Mische das Ganze gut durch und lass es für 5 Minuten auf mittlerer Hitze köcheln, damit das Gemüse gar wird.
5. Gib das fertige Pad Thai auf einen Teller und streue nun die Erdnussstückchen darüber. Guten Appetit!

Für 1 Portion benötigst du:

1 Zucchini
100 g Tofu
2 Frühlingszwiebel
1 Karotte
1 TL Erdnussbutter
1 TL gesalzene Erdnüsse
2 EL Sojasoße
1 TL Agavendicksaft
1 Ei
1 TL Olivenöl
Salz und Pfeffer

Benötigte Utensilien: 1 Topf, 1 Pfanne, 1 Schneidebrett, 1 Küchenmesser, 1 Spiralschneider

Zubereitung: 20 Minuten

VETOX Tipp: *Pad Thai wird klassisch mit Zitrone und Chili serviert – wenn du es also scharf magst, gib einfach etwas Chili in den Topf.*

Hauptspeisen *vegan*

Schupfnudeln mit Sauerkraut

Für 1 Portion benötigst du:

100 g Sauerkraut (Dose)
1 Handvoll Spinat
1/2 Paprika
1/2 Zwiebel
100 g fertige Schupfnudeln
1 EL Pinienkerne
2 EL Rapsöl
1 Zweig glatte Petersilie
1 Prise Paprikapulver
Salz und Pfeffer

Benötigte Utensilien:
1 Schneidebrett, 1 Küchenmesser, 1 Pfanne

Zubereitung: 15 Minuten

Oooooooh die bayerische Küche … Wir sind ganz verliebt! Wir tischen heute die Kombi aus Sauerkraut – also fermentiertem Weißkohl –, Zwiebeln und Schupfnudeln auf! Bist du dabei?

1. Paprika waschen, die Zwiebel schälen und beides klein schneiden. Das Öl in der Pfanne erhitzen und alles darin anbraten.

2. Die Schupfnudeln hinzufügen und ebenfalls anbraten. Schließlich das Sauerkraut und das Paprikapulver hinzugeben, erneut gut umrühren und die Platte ausschalten.

3. Wasche dann den Spinat und die Petersilie. Schneide beides grob und mische es dann unter die Schupfnudeln. Gib alles auf einen Teller, schmecken mit Salz und Pfeffer ab und streue zum Schluss die Pinienkerne darüber.

 VETOX Tipp: *Wenn du den Spinat erst später hinzugibst, zerfällt er nicht so leicht. Falls du noch einen Spritzer Zitronensaft hast, kannst du diesen über die Nudeln geben, damit das im Spinat enthaltene Magnesium besser absorbiert werden kann.*

Nährwerte: 445 Kalorien, 13 g Eiweiß, 37 g Kohlenhydrate, 9 g Ballaststoffe, 26 g Fett
Besonders reich an: Vitamin A, B6, C, E, K, Magnesium

Hauptspeisen | vegan

Reisnudel-Salat mit Ingwer-Sesam-Dressing und knusprigen Tofu

Reisnudeln kennst du nur in den Frühlingsrollen? Dann aber schnell an die Packung und mach diesen Reisnudel-Salat mit knusprigem Tofu und einem Ingwer-Sesam-Dressing.

1. Den Tofu in mundgerechte Stücke schneiden und mit Sojasoße, Ahornsirup, Ingwer und Sesamöl vermischen und für 30 Minuten marinieren. Reisnudeln laut Packungsanleitung zubereiten. Eisbergsalat waschen und in mundgerechte Stücke schneiden. Karotte waschen, schälen und in feine Streifen schneiden.

2. Eine Pfanne erhitzen und den Tofu von allen Seiten knusprig anbraten. Limette auspressen und den Saft mit Essig, Sojasoße, Sesamöl, Ahornsirup, Wasser, Ingwer und Chiliflocken vermischen. Mit Salz und Pfeffer abschmecken. Reisnudeln mit Karotten, Salat, Tofu, Erdnüsse, Sprossen und Sesam in eine Schüssel geben und das Dressing darüber träufeln und vermischen.

Für 1 Portion benötigst du:

100 g Tofu
1 TL (glutenfreie) Sojasoße
1/2 TL Ahornsirup
1/2 TL Ingwer
1/2 TL Knoblauchzehe
1 TL Sesamöl
60 g Reisnudeln
100 g Eisbergsalat
1 Karotte
1 Limette
1 EL Reisessig
1 EL (glutenfreie) Sojasoße
1 EL Sesamöl
1 TL Ahornsirup
2 EL Wasser
1 TL Ingwer
1 TL Chiliflocken
1 EL Erdnüsse
2 EL Sprossen
1 TL Sesam
Salz und Pfeffer

Benötigte Utensilien:
2 Schüsseln, 1 Küchenmesser,
1 Schneidebrett, 1 Topf, 1 Sieb,
1 Sparschäler, 1 Pfanne

Zubereitung: 45 Minuten

Nährwerte: 569 Kalorien, 29 g Eiweiß, 56 g Kohlenhydrate, 8 g Ballaststoffe, 24 g Fett
Besonders reich an: Vitamin A, E, K, Zink und Eisen

Snacks
vegetarisch

Protein-Nussecken	164
Kleine leckere Käsekuchen-Würfel	165
Donauwelle in der Bowl	166
Pikante Protein-Muffins	167
Schlotziger Käsemohnkuchen	169

Snacks | vegetarisch

Protein-Nussecken

Für 1 Portion benötigst du:

40 g Mandelmehl
15 g veganes Proteinpulver
1 Ei
10 g warme Margarine
2 EL Mandelmehl
10 g Margarine
25 g gemahlene Mandeln
10 g gehackte Haselnüsse
10 g gehackte Mandeln
2 EL Apfelmus
1 TL Ahornsirup
30 g Zartbitterschokolade

Benötigte Utensilien:
1 Schüssel, 1 Handrührgerät,
1 Backblech mit Backpapier,
1 Topf, 1 Mikrowelle,
1 Küchenmesser, 1 Esslöffel oder Backpinsel

Zubereitung: 50 Minuten

Diese Protein-Nussecken sind ganz einfach und schnell zubereitet. Sie eignen sich perfekt als Snack oder als natürliche Weihnachtsplätzchen für die nächste Weihnachtszeit. Außerdem kannst du sie – schön verpackt – super verschenken.

1. Mehl mit Proteinpulver, Ei und Margarine zu einem Teig kneten und für 30 Minuten in den Kühlschrank stellen. Den Backofen auf 180 Grad (Ober- und Unterhitze) vorheizen und ein Backblech mit Backpapier auslegen. Den Teig möglichst flach und quadratisch auf dem Backblech mit Mandelmehl ausrollen.

2. Margarine in einem Topf schmelzen, gemahlene und gehackte Mandeln, Haselnüsse und Apfelmus hinzugeben, alles miteinander vermischen und mit Ahornsirup süßen. Die Nussmasse gleichmäßig auf dem Teigboden verstreichen und für 15 bis 20 Minuten goldbraun backen.

3. Noch im warmen Zustand etwa gleich große Quadrate und diese dann diagonal schneiden. Zartbitterschokolade schmelzen und die Nussecken damit bestreichen

Nährwerte: 632 Kalorien, 25 g Eiweiß, 28 g Kohlenhydrate, 9 g Ballaststoffe, 47 g Fett
Besonders reich an: Vitamin B2, E, Magnesium, Zink

Snacks vegetarisch

Kleine leckere Käsekuchen-Würfel

Beliebter Klassiker im neuen Gewand: Diese tollen Käsekuchen-Würfel machen nicht nur auf jedem Fingerfood-Buffet etwas her, sie sind auch wesentlich kalorienärmer als ihr runder Verwandter. Neben einer ordentlichen Portion Eiweiß liefern dir die kleinen Spieße auch viel Vitamin D.

1. Wasche die Zitrone unter heißem Wasser. Lass sie trocknen und reibe denn etwa 1/2 TL der Schale. Heize den Backofen auf 180 Grad (Ober- und Unterhitze) vor.

2. Fülle alle Zutaten in eine Schüssel und verrühre alles mit dem Handrührgerät für etwa 1 Minute auf hoher Stufe. Fülle die Masse in die gefettete Form und schiebe sie auf ein Rost in das untere Drittel des Ofens. Lass den Käsekuchen ca. 60 Minuten backen.

3. Bei halb geöffneter Ofentür sollte der Kuchen noch 15 Minuten nach Ende der Backzeit stehen. Hole ihn dann vorsichtig heraus und lass ihn in der Form vollständig auf einem Rost abkühlen. Wasche in der Zwischenzeit die Beeren vorsichtig und lass sie im Sieb abtropfen. Wenn der Käsekuchen vollständig ausgekühlt ist, kannst du ihn in 16 gleich große Würfel schneiden. Spieße jeweils einen Käsekuchen-Würfel mit 2 bis 3 Beeren auf einen Holzspieß.

Nährwerte für 1 Portion: 250 Kalorien, 17 g Eiweiß, 23 g Kohlenhydrate, 0,5 g Ballaststoffe, 9 g Fett
Besonders reich an: Vitamin A, B2, B6, B12, C, Calcium, Zink

Für 4 Portionen benötigst du:

1 unbehandelte Zitrone
1 TL Butter
500 g Quark 20 %
1 Ei
1 Tütchen Vanillepuddingpulver
40 g Birkenzucker
1/2 TL abgeriebene Zitronenschale
100 g gemischte Beeren

Benötigte Utensilien:

1 viereckige Auflaufform 12 x 12 cm, 1 Küchenreibe, 1 Backpinsel, 1 Rührschüssel, 1 Handrührgerät, 1 Sieb, 1 Kuchenrost, 1 Küchenmesser, 16 Holzspieße, 1 Teelöffel

Zubereitung: 75 Minuten

 VETOX Tipp: *Die Käsekuchen-Würfel lassen sich prima vorbereiten und halten sich luftdicht verschlossen 2 bis 3 Tage im Kühlschrank. Nur die Beeren solltest du dann erst kurz vor dem Servieren aufspießen.*

Snacks vegetarisch

Donauwelle in der Bowl

Donauwelle in der Bowl, mit Cremeschicht und Kirschen – müssen wir noch mehr sagen?

Für 1 Portion benötigst du:

50 g Kirschen (Glas)
3 EL Dinkelmehl
1 TL Vanillezucker
1 Messerspitze Backpulver
1 TL Apfelessig
2 EL Apfelmark
1 TL Kakaopulver
60 g Frischkäse
1 TL Ahornsirup
15 g Schokodrops
1 EL Rapsöl
50 ml Wasser

Benötigte Utensilien:
2 Schalen, 1 Sieb, 1 Rührlöffel

Zubereitung: 25 Minuten

1. Den Ofen auf 180 Grad (Ober- und Unterhitze) vorheizen.
2. Mehl, Zucker, Backpulver, Apfelessig, Apfelmark, Rapsöl, Wasser und Kakaopulver in einer Schale vermengen. In einer zweiten Schale Frischkäse und Ahornsirup vermischen.
3. Die Kirschen aus der Dose abtropfen lassen und dann zunächst den Teig, dann die Kirschen in einer Schale aufeinanderschichten.
4. Für 15 Minuten im Ofen backen, herausnehmen und abkühlen lassen. Dann die Creme darüber verteilen und anschließend alles mit den Schokodrops garnieren.

VETOX Tipp:
Dieses Rezept eignet sich auch prima für den nächsten Besuch – einfach die 4- bis 5-fache Menge machen und in einer großen Backform zubereiten

Nährwerte: 454 Kalorien, 14 g Eiweiß, 54 g Kohlenhydrate, 4 g Ballaststoffe, 20 g Fett

Snacks | vegetarisch

Pikante Protein-Muffins

Die leckeren Protein-Muffins sind nicht nur ruckzuck zubereitet, sondern punkten auch mit einem hohen Protein- und Vitamin-D-Gehalt. Auf einem Salatbett eignen sich diese pikanten Muffins übrigens auch als schnelles Low-Carb-Abendessen.

1. Wasche das Gemüse. Schneide die Paprika in sehr kleine Würfelchen. Viertel die Kirschtomaten. Schneide von der Frühlingszwiebel die Wurzelplatte und das obere Drittel vom Grün ab und schneide den Rest in dünne Scheiben.

2. Reibe den Käse. Schlage die Eier in der Schüssel auf, gib etwas Salz und Pfeffer hinzu und verquirle sie gut mit der Gabel. Heize den Backofen auf 200 Grad (Ober- und Unterhitze) vor.

3. Streiche 3 der Muffinförmchen mit Öl aus. Gib das Gemüse hinein und übergieße alles mit den Eiern. Streue zum Schluss den Käse darüber. Lass die Protein-Muffins auf der mittleren Schiene 15 Minuten backen.

Für 1 Portion benötigst du:

1/2 Paprika
1 Frühlingszwiebeln
3 Kirschtomaten
2 Eier
30 g Gouda
1 TL Rapsöl
Salz und Pfeffer

Benötigte Utensilien:
1 Schneidebrett, 1 Küchenmesser, 1 Schüssel, 1 Gabel, 1 Käsereibe, 1 Muffinform, 1 Küchenpinsel

Zubereitung: 25 Minuten

VETOX Tipp:
Die Protein-Muffins eignen sich perfekt zur Resteverwertung. Du kannst eigentlich jedes Gemüse, das du noch im Kühlschrank findest, verwenden.

Nährwerte: 323 Kalorien, 20 g Eiweiß, 7 g Kohlenhydrate, 3 g Ballaststoffe, 24 g Fett
Besonders reich an: Vitamin A, B2, B12, C, E, K, Calcium, Zink

Nährwerte für 1 Stück: 235 Kalorien, 8,5 g Eiweiß, 28 g Kohlenhydrate, 2 g Ballaststoffe, 9,5 g Fett
Besonders reich an: Vitamin A, B1, B2, B6, B12, K, Calcium, Magnesium, Zink, Eisen

Schlotziger Käsemohnkuchen

Wir liiiiiieben Streuselkuchen! Diese Variante kommt mit einer cremigen Mohnfüllung daher. Ein echter Traum für alle Schleckermäuler.

1. Heize den Ofen auf 180 Grad (Ober- und Unterhitze) vor und lege die Springform mit Backpapier aus.
2. Stelle je 2 Esslöffel Mehl und Kokosblütenzucker sowie 15 g Margarine beiseite und verknete mit den Händen den Rest zusammen mit Backpulver zu einem Teig. Breite diesen gleichmäßig in der Backform aus. Die Zutaten, die du beiseitegestellt hast, vermengst du nun zu den Streuseln – sie kommen später über den Kuchen.
3. Rühre das Vanillepuddingpulver mit 6 Esslöffeln der Milch und dem Ahornsirup zu einer glatten Masse. Erhitze den Rest der Milch zusammen mit dem Mohn in einem Topf und gib die Puddingpulvermischung hinzu, sobald die Milch kocht. Unter ständigem Rühren 1 Minute köcheln lassen. Gib dann den Abrieb der Zitronenschale hinzu, rühre den Quark unter und gieße die Masse auf den Kuchenboden.
4. Streue die Streusel darüber und backe den Kuchen für 30 Minuten im Ofen.
5. Auskühlen lassen und anschneiden.

Für 1 Kuchen (das entspricht 8 Stücken) **benötigst du:**

150 g Dinkelmehl
70 g Kokosblütenzucker
1/2 TL Backpulver
60 g Margarine
20 g Vanillepuddingpulver
2 EL Ahornsirup
300 ml Milch 1,5 %
200 g Magerquark
50 g Mohn
Abrieb einer Zitronenschale

Benötigte Utensilien:
1 Springform mit Backpapier,
1 Esslöffel, 1 Schüssel,
1 kleine Schale

Zubereitung: 50 Minuten

VETOX Tipp: Wenn du den Kuchen nicht direkt isst, kannst du ihn ganz einfach im Kühlschrank lagern. Dort hält er sich für 2 bis 3 Tage.

Snacks
vegan

Vegane Hanf-Riegel mit Goji-Beeren	172
Vegane Chocolate-Chip-Cookies	173
Vegane Hafer-Buchweizen-Cookies	174
Mango-Kokos-Eis	175
Pure Energie in Kugelform	177
Selbst gebackenes Flapjack	179
Leinsamen-Curry-Cracker mit Dip	181
Pistazien-Tahini-Cookies	183
Schnelle Hafer-Bananen-Cookies	184
Crunchy-Nuss-Power-Snack	185

Snacks vegan

Vegane Hanf-Riegel mit Goji-Beeren

Für 10 Riegel benötigst du:

200 g Medjool Datteln
120 g Haferflocken (fein)
60 g Mandeln
40 g Hanfsamen
2 EL Chiasamen
1 TL Zimt
1 TL Salz
40 g Goji-Beeren
60 g Mandelmus
40 ml Ahornsirup
3 TL Kokosöl

Benötigte Utensilien:
1 Küchenmesser, 1 Standmixer,
1 rechteckige Kastenform,
1 Backpapier

Zubereitung: 10 Minuten

Egal, ob nach dem Sport, gegen das altbekannte Mittagstief oder eben für zwischendurch. Diese Hanf-Riegel enthalten Hanfsamen und Goji-Beeren. Dadurch bekommst du einen Snack, der reich an Omega-3- und Omega-6-Fettsäuren, Ballaststoffen und Vitamine B ist.

1. Fülle den Mixer mit Haferflocken, Mandeln, Hanfsamen, Chiasamen, Zimt und Salz. Püriere die Masse für wenige Sekunden.

2. Gib nach ca. 30 Sekunden die entsteinten Datteln, Goji-Beeren, Mandelmus, Ahornsirup und Kokosöl hinzu. Mixe die Zutaten so lange, bis eine feste und klebrige Masse entsteht. Lege Backpapier in die rechteckige Form und drücke die Hanf-Goji-Beeren-Masse etwa 3 cm dort hinein. Stelle sie nun für 20 Minuten in den Kühlschrank.

3. Hebe das Backpapier mit der Riegel-Masse aus der Form und schneide gleich große Riegel zu.

 VETOX Tipp:
Am besten verwendest du weiche Medjool-Datteln. Die bekommst du auch im Supermarkt und brauchst nichts online zu bestellen. Alle anderen Dattel-Sorten solltest du 10 Minuten in kochendem Wasser einweichen. Sollte die Masse nicht klebrig werden, gib 3 bis 4 EL Wasser hinzu.

Nährwerte für 1 Riegel: 244 Kalorien, 6 g Eiweiß, 28 g Kohlenhydrate, 5 g Ballaststoffe, 12 g Fett
Besonders reich an: Vitamin B1, B2, B6, E, K, Calcium, Magnesium, Zink, Eisen

Snacks | vegan

Vegane Chocolate-Chip-Cookies

Weiche, süße American Cookies – wer liebt sie nicht? Aber sie sind meistens unglaublich ungesund und voll mit Zucker. Diese Chocolate-Chip-Cookies sind nicht nur vegan, sondern auch glutenfrei, aber genauso lecker wie das Original!

1. Gib die Chiasamen mit den 3 EL Wasser in eine Schüssel und lass sie für 5 bis 8 Minuten quellen. Den Backofen auf 180 Grad (Ober- und Unterhitze) vorheizen. Ein Backblech mit Backpapier auslegen.

2. Das Mandelmehl mit den Haferflocken, Backpulver, Salz, den aufgequollenen Chiasamen, Kokosöl, Mandelmus und Pflanzendrink in einer großen Schüssel vermischen. Dunkle Schokolade grob zerhacken und ebenfalls zu der Cookie-Mischung geben. Mit einem Eisportionierer oder einem Esslöffel auf dem Backblech platzieren und für 12 bis 15 Minuten goldbraun backen. Am besten vor dem Essen noch etwas grobes Salz darüber streuen.

Für 8 Cookies benötigst du:

3 EL Chiasamen
85 g Mandelmehl
85 g Haferflocken (fein)
1 TL Backpulver
3 EL Kokosöl
2 EL Mandelmus
20 g Pflanzendrink
30 g dunkle Schokolade
EL Wasser
Salz

Benötigte Utensilien:
2 Schüsseln, 1 Backblech mit Backpapier, 1 Eisportionierer, 1 Küchenmesser, 1 Schneidebrett, 1 Esslöffel

Zubereitung: 5 Minuten

 VETOX Tipp: *Damit die Cookies immer die gleiche Größe haben, verwendest du am besten einen Eisportionierer!*

Nährwerte für 1 Cookie: 190 Kalorien, 6 g Eiweiß, 10 g Kohlenhydrate, 3 g Ballaststoffe 14 g Fett
Besonders reich an: Vitamin B1, B2, E, K, Calcium, Magnesium, Zink, Eisen

Nährwerte: 240 Kalorien, 4 g Eiweiß, 29 g Kohlenhydrate, 7 g Ballaststoffe, 12 g Fett

Pure Energie in Kugelform

Kleiner Energieschub gefällig? Mit diesen Bällchen bekommst du Vitamine, gesunde Fette und sekundäre Pflanzenstoffe in Kugelform, und zwar superlecker!

1. Ingwer schälen und fein zerkleinern. Ingwerstücke mit Cranberrys, Pflaumen, Sanddornsaft, Mandeln und der Hälfte der Kokosraspeln sowie dem Salz in einen Mixer geben und so lange mixen, bis eine klebrige Masse entsteht.

2. Die Hände in einer Schale mit Wasser anfeuchten und aus der Masse 4 bis 5 kleine Kugeln formen. Diese in den restlichen Kokosraspeln rollen und genießen!

Für 1 Portion benötigst du:
20 g getrocknete Pflaumen
20 g getrocknete Cranberries
2 g Ingwer (frisch)
1 EL Kokosraspeln
1 EL Mandeln
1 EL Wasser
Salz

Benötigte Utensilien:
1 Schneidebrett,
1 Küchenmesser, 1 Mixer,
1 Schale mit Wasser

Zubereitung: 10 Minuten

Energy-Balls anstatt Kuchen, Schokolade und Co.:
Diese Energy-Balls werden dein persönlicher Gamechanger! Nach der Sendung, wenn ich hinausgehe und der Druck abfällt, dann gönne ich mir gern eine Belohnung für meine Leistung am Tag. Ich habe dann öfters mal zu einem Teilchen gegriffen, zu Kuchen oder Schokolade, obwohl wir alle wissen, dass es den Heißhunger und die Müdigkeit danach nur noch schlimmer macht. Diese Energy-Balls waren für mich die Offenbarung! Denn sie sind süß und lecker und befriedigen meine Lust auf Süßes. Aber anstatt mir Energie zu rauben, spenden sie mir wieder neue Power und geben meinem Körper genau die Nährstoffe, die er gerade benötigt. Und nicht nur ich bin happy, meine Kinder sind auch schon große Fans der kleinen Bällchen geworden.

Katjas Tipp ♡

VETOX Tipp: Du nimmst für dieses Rezept am besten feine Kokosraspel, die haften besser an den Kugeln. Wo es die gibt? Schau dich mal bei den Backzutaten um.

Nährwerte: 541 Kalorien, 14 g Eiweiß, 58 g Kohlenhydrate, 11 g Ballaststoffe, 28 g Fett
Besonders reich an: Vitamin B1, E, K, Magnesium, Zink, Eisen

Selbst gebackenes Flapjack

Du kommst heute in den Genuss eines echten Klassikers aus England: Flapjack! Der gebackene Haferriegel ist nicht nur superschnell zubereitet, protein- und ballaststoffreich, er ist auch der perfekte Snack zum Mitnehmen!

1. Heize den Backofen auf 180 Grad (Ober- und Unterhitze) oder 160 Grad (Umluft) vor.

2. Mische alle Zutaten in einer Schüssel, bis eine klebrige Masse entsteht. Nimm die Masse heraus und forme daraus mit den Händen ein Rechteck. Achte hierbei darauf, den Teig etwas zusammenzudrücken, damit der Flapjack nicht zerfällt. Lege den Flapjack auf Backpapier auf ein Ofenblech.

3. Backe den Flapjack für 15 Minuten im Ofen und genieße ihn anschließend noch warm. Du kannst sofort losnaschen oder ihn noch etwas abkühlen lassen. Lass es dir schmecken!

Für 1 Portion benötigst du:

2 EL Rosinen
50 g Haferflocken
2 EL gehackte Mandeln
1 EL Leinsamen
15 g Ahornsirup
1 EL Kokosöl
Zimt
Kurkuma
Salz

Benötigte Utensilien:
1 Backofen, 1 Schüssel,
1 Backblech mit Backpapier

Zubereitung: 20 Minuten

VETOX Tipp: Du möchtest den leckeren Snack mitnehmen? Gar kein Problem, wenn du den Flapjack etwas abkühlen lässt, wird er etwas härter und du kannst ihn einfach in einer Dose mitnehmen.

Nährwerte für einen Cracker: 128 Kalorien, 6 g Eiweiß, 8 g Kohlenhydrate, 3 g Ballaststoffe, 7 g Fett
Besonders reich an: Vitamin A, B1, B2, B6, B12, E, K, Calcium, Magnesium, Zink, Eisen

Snacks vegan

Leinsamen-Curry-Cracker mit Dip

Du liebst deine Snacks crunchy? Dann haben wir hier genau das Richtige für dich! Ein richtig gesunder Knabbersnack aus Leinsamen. Knusprig, herzhaft-würzig, glutenfrei, low carb und obendrein vegan.

1. Weiche den Leinsamen in der Schüssel für 15 Minuten im Wasser ein.
2. Entferne von den Frühlingszwiebeln das obere Drittel des Grüns und die Wurzelplatte. Schneide die Frühlingszwiebeln in Ringe und die Aprikosen in kleine Würfel. Verrühre den veganen Frischkäse mit der Pflanzenmilch und schmecke die Mischung mit Salz, Pfeffer und Currypulver ab. Hebe dann die Frühlingszwiebelringe und die Aprikosenstückchen unter den Dip.
3. Heize den Backofen auf 180 Grad (Ober- und Unterhitze) vor und belege ein Blech mit Backpapier. Gib Sonnenblumenkerne, Sesam, Kartoffelmehl, Backpulver und Currypulver mit zu den Leinsamen in die Schüssel und verrühre alles gut. Würze die Masse noch mit Salz und Pfeffer. Verteile nun mit einem angefeuchteten Esslöffel kleine Häufchen auf dem Backblech und drücke diese zu flachen Taler.
4. Bepinsele die Taler mit Öl und schiebe sie auf der mittleren Schiene in den Backofen. Lass die Cracker ca. 20 Minuten backen. Serviere die fertigen und abgekühlten Cracker mit dem Dip.

Für 8 Cracker benötigst du:

60 g Leinsamen
100 ml Wasser
150 g veganer Frischkäse
4 getrocknete Aprikosen
2 Frühlingszwiebeln
50 ml Pflanzenmilch
4 EL Sonnenblumenkerne
2 EL Sesam
2 EL Kartoffelmehl
1 Messerspitze glutenfreies Backpulver
1 EL Öl
Currypulver
Salz und Pfeffer

Benötigte Utensilien:
2 Schüsseln, 1 Messbecher, 1 Schneidebrett, 1 Küchenmesser, 1 Schneebesen, 1 Backblech mit Backpapier, 1 Backpinsel, 1 Teelöffel, 1 Esslöffel

Zubereitung: 30 Minuten

 VETOX Tipp: *Bewahre die abgekühlten Cracker in einer luftdicht verschlossenen Dose auf. So halten sie sich einige Tage.*

Nährwerte pro Cookie: 140 Kalorien, 4,4 g Eiweiß, 7 g Kohlenhydrate, 2 g Ballaststoffe, 10 g Fett
Besonders reich an: Vitamin B1, B2, B6, E, Calcium, Magnesium, Zink, Eisen

Pistazien-Tahini-Cookies

Ein wahrer Eisen-Booster: Ab sofort gibt es eine gute Ausrede, um Cookies zu essen. Diese Pistazien-Tahini-Cookies sind nämlich wahre Eisen-Lieferanten und super reich an Nährstoffen!

1. Den Backofen auf 180 Grad (Ober- und Unterhitze) vorheizen. Ein Backblech mit Backpapier auslegen und zur Seite stellen.
2. In einer Schüssel das Tahini mit Ahornsirup, Backpulver, Salz, Zimt und gehackten 2 EL Pistazien vermischen. Mandelmehl und Leinsamen hinzugeben und solange verrühren, bis ein Teig entsteht.
3. Die Hände in einer kleinen Schüssel mit Wasser anfeuchten, aus je 1 Esslöffel Teig Kekse formen und auf dem Backblech platzieren. Mit den restlichen Pistazien bestreuen und für 12 bis 15 Minuten goldbraun backen.

Für 5 Cookies benötigst du:

40 g Tahini (Sesampaste)
35 g Mandelmehl
1 EL Leinsamen
30 ml Ahornsirup
2 EL Pistazien
Zimt
1/2 TL glutenfreies Backpulver
Salz

Benötigte Utensilien:
2 Schüsseln, 1 Backblech mit Backpapier, 1 Esslöffel, 1 Schale mit Wasser

Zubereitung: 20 Minuten

VETOX Tipp: *Tahini, das man in kleinen Gläsern im Supermarkt kaufen kann, schmeckt meistens sehr sandig und bitter. Daher empfehlen wir in türkischen oder asiatischen Supermärkten nach dem flüssigen Gold Ausschau zu halten.*

Snacks vegan

Für 1 Portion benötigst du:

1 Banane
100 g Haferflocken
1 TL Zimt
1 EL Chiasamen
2 EL Ahornsirup
1 EL Mandelmus
Salz

Benötigte Utensilien:
2 Schüsseln, Backblech mit Backpapier, 1 Gabel

Zubereitung: 15 Minuten

Schnelle Hafer-Bananen-Cookies

Banane und Haferflocken passen einfach perfekt zusammen. Warum dann nicht gleich einen schnellen Snack daraus machen? Diese Hafer-Bananen-Cookies sind perfekt für den kleinen Hunger zwischendurch.

1. Den Backofen auf 180 Grad (Ober- und Unterhitze) vorheizen. Ein Backblech mit Backpapier auslegen. Die Banane schälen und in einer Schüssel mit einer Gabel zu einem Brei zerdrücken.

2. Füge Haferflocken, Zimt, Chiasamen, Ahornsirup, Mandelmus und Salz hinzu und vermische alles zu einem Teig.

3. 13 bis 15 Minuten goldbraun backen. Superschnell und superlecker!

Nährwerte für 1 Cookie: 90 Kalorien, 3 g Eiweiß, 17 g Kohlenhydrate, 2 g Ballaststoffe, 2 g Fett
Besonders reich an: Vitamin B1, B6, K, Magnesium, Zink, Eisen

Snacks | vegan

Crunchy-Nuss-Power-Snack

Mit diesem Power-Snack bekommst du all die Energie, die du brauchst: Mandeln besitzen viel Vitamin E, Macadamia strotzen vor Magnesium und Erdnüsse vor B-Vitaminen. Aber genug der ganzen Vitamine, auf geht's an die Zubereitung.

1. Erhitze das Olivenöl in der Pfanne und gib Nüsse und Gewürze hinein. Röste die Nüsse kurz an, bis sie goldbraun sind und lass sie dann kurz abkühlen. Schon kannst du lossnacken.

Für 1 Portion benötigst du:

10 g Mandeln
10 g Macadamianüsse
10 g Erdnüsse
1 TL Olivenöl
Paprikapulver
Chilipulver
Salz und Pfeffer

Benötigte Utensilien:
1 Pfanne, 1 Pfannenwender

Zubereitung: 5 Minuten

 VETOX Tipp: Mach direkt die doppelte Portion und snacke morgen noch einmal. Oder direkt ein ganzes Glas voll? Die Nüsse halten sich trocken in einem Glas gelagert eine Woche.

Nährwerte: 237 Kalorien, 6 g Eiweiß, 3 g Kohlenhydrate, 4 g Ballaststoffe, 23 g Fett
Besonders reich an: Vitamin B, E, Magnesium

Smoothies

Açai-Smoothie – Antioxidansbooster für den Energie-Kick!	189
Erfrischender Papaya-Lassi	190
Fruchtig-scharfer Frühstückssmoothie mit Beeren und Ingwer	191
Pinker Powershot	192
Frühling im Glas: Pfirsich-Baobab-Smoothie	193
Mango-Banane-Cashew-Smoothie	194
Lila Blaubeer-Smoothie mit Mango, Zitrone und Kiwi	195

Nährwerte: 163 Kalorien, 8 g Eiweiß, 20 g Kohlenhydrate, 10 g Ballaststoffe, 4 g Fett
Besonders reich an: Vitamin C, E, K

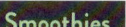

Açai-Smoothie – Antioxidansbooster für den Energie-Kick!

Was war noch gleich Açai? Diese sauren Beeren, oder? Ganz genau! Açai pur schmeckt recht sauer und kein bisschen süß. Im Smoothie verarbeitet ist die Beeren aber nicht nur optisch ein echtes Highlight.

1. Wasche zunächst die Himbeeren. Gib dann Himbeeren, die gefrorenen Açai, Mandeljoghurt und Zitronensaft in deinen Mixer und mische alles, bis die gewünschte Konsistenz erreicht ist.
2. Gieße den Smoothie in ein hohes Glas und gib die Hanfsamen darüber. Cheers!

Für 1 Portion benötigst du:

100 g Açai-Püree
150 g Himbeeren (frisch)
1 TL Zitronensaft
100 g Mandeljoghurt
1 TL Hanfsamen

Benötigte Utensilien:
1 Mixer, 1 Glas zum Servieren

Zubereitung: 5 Minuten

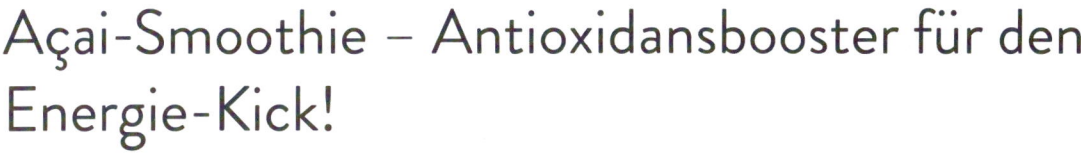

Produktiv, motiviert und gut gelaunt – jeden Tag!
Das, was ich mache, mache ich gern, und ich stehe voll und ganz dahinter. Das ist aber leider nicht bei jedem so, denn nicht jeder hat das Glück, das zu tun, was ihm oder ihr Spaß macht. Wenn man unglücklich ist, kann man sich dennoch hinsetzen und genau analysieren, was einen unzufrieden macht. Oft ist es so, dass man nur an kleinen Schrauben drehen muss, um eine große Wirkung zu erzeugen.

Katjas Tipp ♡

VETOX Tipp: *Açai-Beeren gibt es gefroren im Supermarkt. Alternativ kannst du auch Açai-Pulver im Bioladen kaufen und die Beeren in diesem Rezept durch einen gehäuften Esslöffel ersetzen. Und wenn du ein paar gefrorene Beeren mehr nimmst, dann wird der Smoothie kalt und cremig.*

Smoothies

Erfrischender Papaya-Lassi

Dieser Papaya-Lassi ist eine leckere Abwandlung des Mango-Lassis und schmeckt genauso herrlich erfrischend. Natürlich kannst du auch Mango verwenden oder Mango und Papaya mischen.

Für 1 Portion benötigst du:

1/2 Papaya
1/2 Bourbon-Vanille
100 g Joghurt
1 TL Honig
1/2 Limette
Wasser
100 ml Maracuja-Saft

Benötigte Utensilien:
1 Schneidebrett,
1 Küchenmesser, 1 Esslöffel,
1 hoher Becher, 1 Teelöffel,
1 Zitronenpresse, 1 Mixer,
1 Messbecher, 1 Glas zum Servieren

Zubereitung: 5 Minuten

1. Schneide die Vanilleschote längs auf und kratze das Mark mit dem Messerücken aus der Schote. Halbiere die Limette und presse eine Hälfte aus. Gib die Papayawürfel zusammen mit dem Vanillemark und einem Teelöffel voll Limettensaft in den hohen Becher zum Pürieren.

2. Gib den Joghurt, den Honig und den Saft zu der Papaya und püriere alles zu einer feinen Masse ohne Stückchen. Fülle jetzt so viel Wasser auf, bis du mit der Konsistenz zufrieden bist.

3. Fülle den Papaya-Lassi in das Glas und fertig ist ein erfrischender Sommer-Drink.

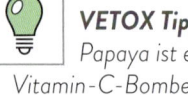 **VETOX Tipp:** *Die Papaya ist eine echte Vitamin-C-Bombe. 100 g der orangefarbenen Frucht decken ca. 80 mg Vitamin C – womit du schon fast deinen kompletten Tagesbedarf deckst.*

Nährwerte: 233 Kalorien, 7 g Eiweiß, 36 g Kohlenhydrate, 6 g Ballaststoffe, 5 g Fett
Besonders reich an: Vitamin B2, C, Magnesium

Smoothies

Fruchtig-scharfer Frühstückssmoothie mit Beeren und Ingwer

Heute Morgen gibt es Summer Vibes im Glas! Heidelbeeren und Himbeeren geben dir die richtige Menge an Antioxidantien, Haferflocken halten dich lange satt und durch den Ingwer ist dein Frühstück auch noch der perfekte Immunbooster!

1. Schäle die Banane und brich sie entzwei. Wasche die Beeren und schäle den Ingwer mit dem Sparschäler. Mixe alle Zutaten außer den Chiasamen so lange im Mixer, bis eine cremige Masse entsteht.
2. Fülle den Smoothie in ein Glas, garniere ihn mit den Chiasamen und schon kannst du losschlürfen.

Für 1 Portion benötigst du:

100 g Heidelbeeren (frisch)
50 g Himbeeren (frisch)
50 g Haferflocken
1 TL Chiasamen
100 g Kokosjoghurt
1 cm Ingwer (frisch)
1 Banane

Benötigte Utensilien: 1 Mixer, 1 Sparschäler, 1 Glas zum Servieren

Zubereitung: 5 Minuten

VETOX Tipp:
Du hast noch Ingwer übrig? Perfekt! Wie wäre es morgen mit einem Ingwershot? Einfach den Ingwer beispielsweise mit Orangensaft und Honig in den Mixer geben und shotten.

Nährwerte: 385 Kalorien 14g Eiweiß, 62 g Kohlenhydrate, 16 g Ballaststoffe, 7 g Fett
Besonders reich an: Vitamin B6, E, K, Magnesium

Smoothies

Pinker Powershot

Mit diesem Powersaft bekommst du die volle Ladung Antioxidantien und Vitamin C in einem Glas! Perfekter Energieschub garantiert!

Für 1 Portion benötigst du:

100 ml Rote-Bete-Saft
100 ml Orangensaft
1/2 Apfel
30 ml Sanddornsaft
1 Prise Kurkuma
1 Prise schwarzer Pfeffer
1 Prise Zimt

Benötigte Utensilien: 1 Mixer, 1 Schneidebrett, 1 Küchenmesser, 1 Glas zum Servieren

Zubereitung: 5 Minuten

1. Apfel waschen, halbieren und mit Rote-Bete-Saft, Orangensaft und Sanddornsaft in den Mixer geben und fein pürieren.

2. Den Smoothie in ein Glas füllen und Kurkuma, Pfeffer und Zimt darüberstreuen. Gut umrühren und schon kannst du losschlürfen.

 VETOX Tipp: Sanddornsaft gibt es im Reformhaus oder im Drogeriemarkt. Er schmeckt pur herb und recht bitter, in Smoothies und Säften kannst du den Saft jedoch sehr gut verarbeiten und von den gesundheitlichen Vorteilen profitieren!

Nährwerte: 231 Kalorien, 4 g Eiweiß, 47 g Kohlenhydrate, 5 g Ballaststoffe, 1 g Fett
Besonders reich an: Vitamin C

Smoothies

Frühling im Glas: Pfirsich-Baobab-Smoothie

Frühling im Glas verfeinert mit dem afrikanischen Superfood Baobab. Dabei handelt es sich um ein Pulver, das ein wahrer Allrounder ist. Baobab liefert nicht nur Vitamin C, Magnesium und Ballaststoffe, sondern auch mehr Eisen als Fleisch! Zusammen mit Pfirsich, Mango und Banane ergibt das einen fruchtigen, leicht süß-herben Smoothie.

1. Pfirsich waschen und entkernen. In grobe Stücke schneiden. Mango und Banane ebenfalls grob zerkleinern.

2. Das geschnittene Obst mit Weizenkleie, Orangensaft, Zitronensaft, Baobab und Zimt in einen Mixer geben und so lange pürieren, bis es ein cremiger Smoothie wird. In ein Glas füllen und genießen.

Für 1 Portion benötigst du:

1 Pfirsich
40 g Mango
20 g Banane
1 TL Weizenkleie
150 ml Orangensaft
1 TL Zitronensaft
1 TL Baobab
1 Messerspitze Zimt

Benötigte Utensilien:
1 Küchenmesser, 1 Schneidebrett, 1 Mixer, 1 Glas zum Servieren

Zubereitung: 2 Minuten

 VETOX Tipp: Baobab kannst du ganz einfach online bestellen und in praktisch jeden Smoothie einrühren, aber auch ohne das Superfood-Pulver ist dieser Smoothie eine Vitamin-C-Bombe.

Nährwerte: 154 Kalorien, 3 g Eiweiß, 32 g Kohlenhydrate, 4 g Ballaststoffe, 1 g Fett
Besonders reich an: Vitamin C

Smoothies

Mango-Banane-Cashew-Smoothie

Ein bisschen tropisches Feeling gefällig? Dann schnell an den Mixer und diesen Mango-Banane-Cashew-Smoothie ausprobieren und an den nächsten Urlaub denken!

Für 1 Portion benötigst du:

1 Banane
60 g Mango
1 EL Cashewmus
75 ml Sanddornsaft
80 ml Hafermilch
1 Messerspitze Vanille
1/2 TL Ahornsirup

Benötigte Utensilien:
1 Küchenmesser, 1 Schneidebrett, 1 Mixer, 1 Glas zum Servieren

Zubereitung: 5 Minuten

1. Banane und Mango schälen und mit Cashewmus, Sanddornsaft, Hafermilch und Vanilleextrakt in einen Mixer geben und cremig pürieren. In Gläser oder eine Bowl füllen und mit 1/2 TL Ahornsirup darüber genießen.

Nährwerte: 242 Kalorien, 7 g Eiweiß, 34 g Kohlenhydrate, 4 g Ballaststoffe, 8 g Fett
Besonders reich an: Vitamin A, B6, C, E, Magnesium

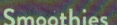

Lila Blaubeer-Smoothie mit Mango, Zitrone und Kiwi

Vitamin-C-Booster: Um dein Immunsystem zu stärken, eignet sich am besten ein Smoothie. Vollgepackt mit Blaubeeren, Kiwi und Banane ist dieser farbintensive Smoothie genau das Richtige und versorgt dich mit dem essenziellen Vitamin C.

1. Die Blaubeeren in einem Sieb unter fließendem Wasser abwaschen. Kiwi schälen und in grobe Stücke schneiden. Die Banane ebenfalls schälen und grob zerkleinern.
2. Blaubeeren, Kiwi, Banane, Milch, Joghurt, Mango und Zitronensaft in einen Mixer füllen und so lange pürieren, bis ein cremiger Smoothie entsteht. Den Smoothie in Gläser füllen und 1 EL frische Blaubeeren darauf verteilen.

Für 1 Portion benötigst du:

180 g gefrorene Heidelbeeren
1 Kiwi
1 Banane
1 EL Blaubeeren
100 ml Milch
2 TL Joghurt
70 g gefrorene Mango
1/2 TL Zitronensaft

Benötigte Utensilien:
1 Sieb, 1 Küchenmesser,
1 Schneidebrett, 1 Mixer,
1 Glas zum Servieren

Zubereitung: 5 Minuten

Ein wahrer Antioxidantien-Booster – der perfekte Start in den Tag, wenn es mal wieder schnell gehen muss!

Katjas Tipp ♡

Nährwerte: 263 Kalorien, 7 g Eiweiß, 43 g Kohlenhydrate, 7 g Ballaststoffe, 5 g Fett
Besonders reich an: Vitamin C, Kalium

DEINE 14 TAGE

Deine VegPrep-Woche startet damit, dass du dein Abendessen in drei Portionen zubereitest: Eine Portion kannst du direkt verspeisen, eine geht in den Kühlschrank und eine ins Eisfach. Dieses Prinzip zieht sich nun durch die Woche, sodass du mit nur fünfmal kochen satte 25 Gerichte für die ganze Woche hast. Die ersten 14 Tage haben wir dir bereits vorbereitet. Du möchtest deinen nächsten 14-Tage-Plan selbst anlegen? Dann haben wir hier eine Blanko-PDF-Vorlage zum Herunterladen und Selbstausfüllen für dich vorbereitet.

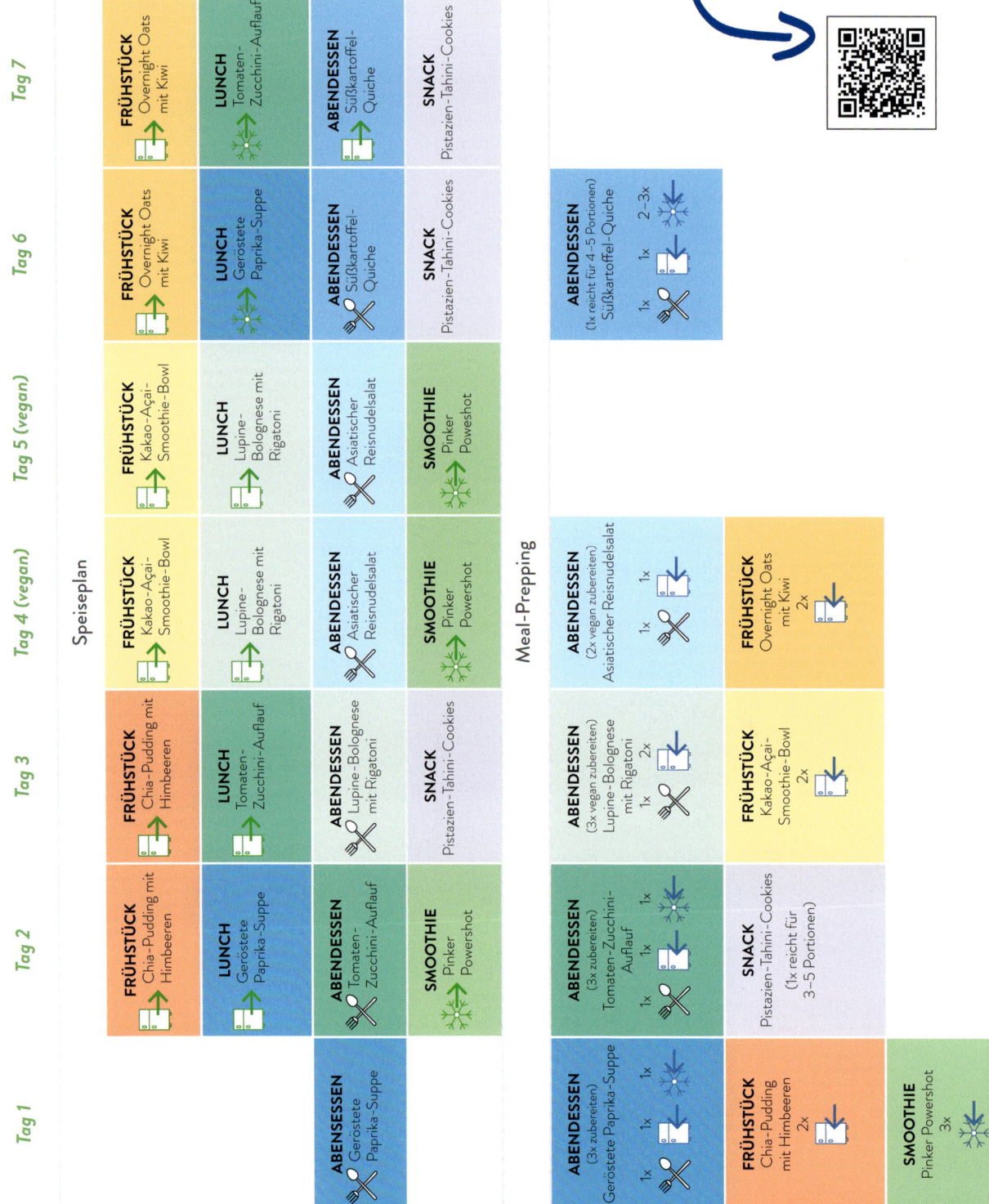

VEGPREP-WOCHE

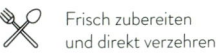 Frisch zubereiten und direkt verzehren

 Aus dem Tiefkühler

 In den Tiefkühler

 Aus dem Kühlschrank

 In den Kühlschrank

Jede Farbe steht für ein Gericht

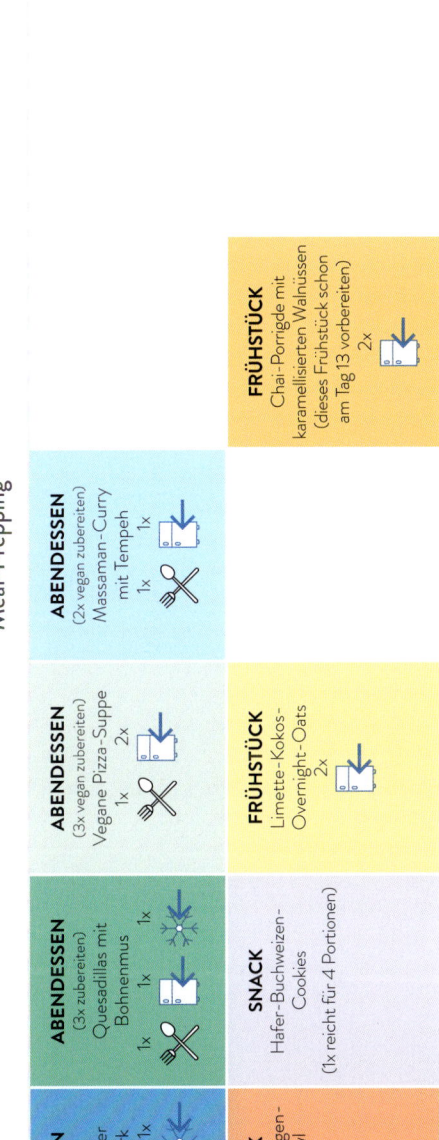

Einkaufsliste für Woche 1

Rezepte für eine Woche:

3 x geröstete Paprika-Suppe
2 x Chia-Joghurt-Pudding mit Himbeeren
3 x pinker Powershot
1 x Pistazien Tahini Cookies
3 x schneller Tomaten-Zucchini-Auflauf
3 x Lupinen-Bolognese mit Rigatoni
2 x Kakao-Açai-Smoothie-Bowl
2 x Asiatischer Reisnudelsalat
2 x Overnight Oats mit Kiwi
1 x Süßkartoffel-Quiche

Das benötigst du:

Obst und Gemüse:
- [ ] 2 Kiwi
- [ ] 4 Banane
- [ ] 1 1/2 Apfel
- [ ] 200 g Himbeeren (frisch)
- [ ] 300 g Blattspinat
- [ ] 1 Süßkartoffel
- [ ] 6 Karotten
- [ ] 3 Zucchini
- [ ] 1500 g Tomaten
- [ ] 3 ½ Frühlingszwiebel
- [ ] 3/4 Lauch
- [ ] 1 Zwiebel
- [ ] 3/4 rote Zwiebel
- [ ] 1 1/2 Schalotte
- [ ] 6 Knoblauchzehe
- [ ] 2 ½ rote Paprika
- [ ] 2 TL Limettensaft
- [ ] 3 EL Zitronensaft
- [ ] 200 g Açai-Püree
- [ ] 300 ml Rote-Bete-Saft
- [ ] 300 ml Orangensaft
- [ ] 90 ml Sanddornsaft
- [ ] 450 g Tomaten (aus der Dose)
- [ ] 6 EL Tomatenmark

Eier, Milch- und Milchersatzprodukte:
- [ ] 2 Eier
- [ ] 65 g Feta
- [ ] 80 g Ziegenfrischkäse
- [ ] 300 g Mozzarella
- [ ] 50 g Margarine
- [ ] 1 EL Butter
- [ ] 300 ml Milch
- [ ] 160 ml Haferdrink
- [ ] 100 ml Kokosmilch
- [ ] 100 g Kokosjoghurt

Trockenprodukte:
- [ ] 15 g Grieß
- [ ] 120 g Reisnudeln
- [ ] 240 g Rigatoni
- [ ] 285 g Dinkelmehl
- [ ] 35 g Mandelmehl
- [ ] 1/2 TL glutenfreies Backpulver
- [ ] 120 g Haferflocken (fein)
- [ ] 90 g Lupinenschrot

Nüsse, Samen und Trockenfrüchte:
- [ ] 20 g Mandeln
- [ ] 20 g Mandelsplitter
- [ ] 60 g Pistazien
- [ ] 2 TL Sesam
- [ ] 20 g Hanfsamen
- [ ] 1 EL Leinsamen
- [ ] 4 EL Chiasamen
- [ ] 40 g Datteln

Soßen, Pasten, Aufstrich:
- [ ] 40 g Tahin (Sesampaste)
- [ ] 20 g dunkle Schokolade
- [ ] 4 TL Honig
- [ ] 2 EL Ahornsirup
- [ ] 2 ½ EL Kakao
- [ ] 2 TL (glutenfreie) Sojasoße
- [ ] 1200 ml Gemüsebrühe (glutenfrei)

Essig, Öl und Gewürze:
- [ ] 2 TL weißer Balsamicoessig
- [ ] 4 ½ TL Olivenöl
- [ ] 3 EL Rapsöl
- [ ] 2 TL Sesamöl
- [ ] 1 1/2 TL Oregano
- [ ] 3 Messerspitze Chiliflocken
- [ ] 4 Zweige frischer Thymian
- [ ] 2 Zweig frischer Koriander
- [ ] 4 TL Zimt
- [ ] 1 TL Kurkuma
- [ ] 3 TL Paprikapulver
- [ ] Pfeffer
- [ ] Salz

Tipp: Wenn du deinen Einkauf optimieren möchtest, kannst du auch einzelne Zutaten austauschen: Statt roter Zwiebel und Schalotte kaufe mehr von der normalen Zwiebel. Setze nur auf Margarine und Ahornsirup, anstatt zusätzlich Butter und Honig zu kaufen, oder verwende nur eine Sorte Öl.

Einkaufsliste für Woche 2

Rezepte für eine Woche:

- 3 x Blumenkohl-Taler mit Kräuterquark
- 2 x erfrischende Orangen-Smoothie-Bowl
- 3 x Açai-Smoothie
- 1 x Hafer-Buchweizen-Cookies
- 3 x Quesadillas mit Bohnenmus
- 3 x Vegane Pizza-Suppe
- 2 x Limette-Kokos-Overnight-Oats
- 2 x Massaman-Curry mit Tempeh
- 2 x Chai-Porridge mit karamellisierten Walnüssen

Das benötigst du:

Obst und Gemüse:
- [ ] 2 Banane
- [ ] 2 Orange
- [ ] 2 Kiwi
- [ ] 450 g Himbeeren (frisch)
- [ ] 300 g Açai-Püree
- [ ] 3 EL Zitronensaft
- [ ] 1 ½ Limettensaft
- [ ] 1 1/2 Avocado
- [ ] 450 g Blumenkohl
- [ ] 3 kleine Tomate
- [ ] 2 Karotten
- [ ] 3/4 Paprika
- [ ] 2 TL Ingwer
- [ ] 100 g Erbsen (TK)
- [ ] 450 g Kartoffeln
- [ ] 1 1/2 Zwiebel
- [ ] 3 kleine Knoblauchzehe
- [ ] 300 g Kidneybohnen (Dose)
- [ ] 3 TL Tomatenmark
- [ ] 750 g Passierte Tomaten

Fleischersatz, Milch- und Milchersatzprodukte:
- [ ] 450 ml Milch 1.5 %
- [ ] 300 g Magerquark
- [ ] 200 g Joghurt 1.5 %
- [ ] 75 g Cheddar
- [ ] 300 g Mandel Joghurt
- [ ] 4 EL Kokosjoghurt
- [ ] 100 ml Kokosmilch
- [ ] 230 ml Hafermilch
- [ ] 150 g Tofu
- [ ] 100 g Tempeh
- [ ] 3 EL vegetarischer Parmesan

Trockenprodukte, Nüsse und Samen:
- [ ] 3 großer Tortilla-Wrap
- [ ] 9 EL Kichererbsenmehl
- [ ] 2 EL Chiasamen
- [ ] 3 TL Hanfsamen
- [ ] 2 TL Erdnüsse
- [ ] 40 g Walnüsse
- [ ] 40 g Granola
- [ ] 180 g Haferflocken
- [ ] 100 g Hafermehl
- [ ] 40 g Kokosflocken
- [ ] 35 g Buchweizenmehl
- [ ] 50 g Zucker
- [ ] 1/2 TL Backpulver

Soßen, Pasten, Aufstrich:
- [ ] 115 ml Ahornsirup
- [ ] 5 EL Mandelmus
- [ ] 3 TL Cashewmus
- [ ] 3 TL Hefeflocken
- [ ] 20 ml flüssiges Kokosöl
- [ ] 600 ml Gemüsebrühe
- [ ] 2 TL Massaman Currypaste
- [ ] 2 TL Sojasoße
- [ ] 3 EL Salsasoße

Essig, Öl und Gewürze:
- [ ] 3 Zweig Petersilienblätter
- [ ] 12 Zweige frischer Koriander
- [ ] 1 1/2 TL Paprikapulver
- [ ] 3/4 TL Chiliflocken
- [ ] 3 TL getrocknetes Basilikum
- [ ] Knoblauchpulver
- [ ] Kreuzkümmel
- [ ] 1 TL Zimt
- [ ] 1/2 TL Kardamom
- [ ] 2 Prise Muskat
- [ ] 2 TL Erdnussöl
- [ ] 6 EL Olivenöl
- [ ] Salz und Pfeffer

Optional:
- [ ] etwas Schnittlauch
- [ ] 5 TL gehackte Petersilie

Tipp: Wenn du deinen Einkauf optimieren möchtest, kannst du auch einzelne Zutaten austauschen: Statt Limette und Zitrone kaufe mehr von der Limette. Setze nur auf eine Sorte veganen und vegetarischen Joghurt oder verwende nur eine Sorte Nussmus.

Das Nährstoff-Einmaleins

„Nährstoffe" – Sie sorgen dafür, dass wir fit, vital und gesund sind (und es auch bleiben!). Sie erinnern uns daran, dass es im Leben auf die inneren Werte ankommt. Und sie sind die Grundlage des VETOX-VegPrep-Konzepts, bei dem es darum geht, eine optimale Nährstoffdichte in deinem täglichen Speiseplan sicherzustellen. Das schaffen wir übrigens, weil wir in unseren Rezepten auf kurze Garzeiten und eine schonende Zubereitung achten.

Fakt ist: Eine ungefähre Idee davon, was Nährstoffe sind, haben wir alle.

Nährstoffe sind diejenigen Bestandteile unserer Nahrung, die wir zum Leben brauchen. Von ihnen gibt es zwei Sorten: Makro- und Mikronährstoffe.

Makronährstoffe – die wichtigsten Energiequellen für unseren Körper

Sie sind so etwas wie der Treibstoff, der unseren Organismus am Laufen hält. Zum Beispiel jetzt, während du diese Zeilen liest: Dein Herz schlägt, du atmest, und deine Körpertemperatur ist konstant. Dafür braucht dein Körper ständig Energie. Die lieferst du ihm über die Nahrung – mit den drei Makronährstoffen Fett, Eiweiß und Kohlenhydrate.

- **Kohlenhydrate** sind unsere wichtigsten Energielieferanten. Sie bestehen aus Zuckermolekülen. Je nachdem, wie viele Zuckerverbindungen sie enthalten, werden sie in Gruppen eingeteilt. **Einfachzucker** (z. B. Traubenzucker) und **Zweifachzucker** (z. B. in Milch und Süßigkeiten) sorgen für schnelle Höhenflüge unseres Blutzuckerspiegels. **Mehrfachzucker** sind dagegen komplexe Kohlenhydrate. Zu den wichtigsten gehört Stärke. Für unseren Körper sind Mehrfachzucker doppelt toll: Sie vermeiden Blutzuckerspitzen und liefern nebenbei wertvolle Ballaststoffe (großartige Sattmacher, die unsere Darmflora stärken). Gute Quellen sind Vollkorngetreide, Hülsenfrüchte und Kartoffeln.

Damit unserer Körper Mehrfachzucker in Energie umwandeln kann, muss er sie wieder in ihre einzelnen Bausteine zerlegen und in Einfachzucker umbauen. Genau hier liegt der Knackpunkt: Weil das Zeit kostet, steigt der Blutzucker mit ihnen viel langsamer an, und wir bleiben länger satt.

> Die Deutsche Gesellschaft für Ernährung (DGE) empfiehlt, mindestens 50 % unserer Energiezufuhr aus Kohlenhydraten zu beziehen.

- **Eiweiße** bzw. Proteine stecken überall in uns – wir bestehen zu etwa 15 % aus Eiweißmolekülen. Und ohne diese Bausteine des Lebens läuft gar nichts: Sie sind unsere Quelle für die 20 wertvollen **Aminosäuren**, die wir für unsere Körperfunktionen brauchen. Neun davon können wir nicht selbst herstellen und müssen sie von außen zuführen. Aminosäuren sind Grundbausteine all unserer Organe sowie Bestandteil von Haaren, Nägeln und Muskeln. In Form von Antikörpern fangen sie Krankheitserreger ab und als Transportproteine, Enzyme und Botenstoffe sorgen sie dafür, dass unsere körpereigene Kommunikation funktioniert wie ein präzises Uhrwerk.

> Laut den Empfehlungen der DGE brauchen Erwachsene zwischen 19 und 65 Jahren täglich 0,8 Gramm Protein pro Kilogramm Körpergewicht. Gute pflanzliche Eiweißquellen sind Tofu, Vollkornpasta und Hülsenfrüchte wie Lupinen, Linsen, Erbsen und Soja.

- **Fette** sind lange nicht so schlecht wie ihr Ruf. Sie versorgen uns besonders gut mit Energie, verleihen unserem Essen Geschmack und sind für die Aufnahme fettlöslicher Vitamine wie A, D, K und E unentbehrlich. Fette geben unseren Zellen Struktur, unterstützen lebenswichtige Körpervorgänge und sorgen dafür, dass es im Oberstübchen läuft wie geschmiert.

Allerdings haben sie einen (sagen wir: „fetten") Nachteil: Essen wir zu viel von ihnen, macht sich das schnell in Form von fiesem Hüftgold bemerkbar. Denn was unser Körper nicht braucht, speichert er in weiser Voraussicht ab. Weil Fett unter den Makronährstoffen die meisten Kalorien pro Gramm enthält, kommt es hier also auf das richtige Maß an. Komplett auf Fett zu verzichten, ist dabei keine Option: **Essenzielle Fettsäuren** wie Omega-3 (steckt in Leinöl, Walnüssen und Chiasamen) und Omega-6 (z. B. in Sonnenblumenöl und Walnüssen) müssen wir mit der Nahrung von außen aufnehmen.

Während Fett aus tierischen Quellen vor allem **gesättigte Fettsäuren** enthält, von deren ungünstiger Wirkung auf die Gesundheit wir dir bereits erzählt haben, sind pflanzliche Fette reich an wertvollen **ungesättigten Fettsäuren**. Die DGE rät deshalb dazu, pflanzliche Fette zu bevorzugen (und es auch hier nicht zu übertreiben).

Etwa 30 % der Gesamtenergiezufuhr sollte maximal aus Fetten stammen, davon mindestens ein Zehntel der Gesamtenergiezufuhr aus mehrfach ungesättigten Fettsäuren. Gute Quellen: Rapsöl, Olivenöl, Nüsse und Avocados.

Mikronährstoffe – essenziell für unsere Körperfunktionen

Klein, aber oho: Zu dieser Kategorie gehören Mineralstoffe, Vitamine und Spurenelemente. Sie versorgen uns zwar nicht mit Energie, erfüllen aber verschiedene zentrale Aufgaben im Körper. Wir haben für dich zusammengefasst, was du wofür brauchst.

Vitamine können wir nicht in ausreichender Menge selbst produzieren, wir müssen sie von außen zuführen.

- **Vitamin A** wirkt antioxidativ und ist wichtig für deine Zellgesundheit, die Blutbildung und den Aufbau der Haut. Süßkartoffeln sind besonders reich an Vitamin A.

- **Vitamin C** gilt als Schönheitsvitamin. Der Kollagenbooster sorgt für pralle Haut, und seine antioxidative Power schützt vor vorzeitiger Hautalterung durch freie Radikale. Paprika und Zitrusfrüchte sind gute Vitamin-C-Quellen.

- **Vitamin D** kann unser Körper bei ausreichender Sonneneinstrahlung selbst herstellen. Die perfekte Ausrede für deine tägliche Siesta im Freien: Um die körpereigene Bildung anzuregen, empfiehlt die DGE ein tägliches Sonnenbad von fünf bis 25 Minuten pro Tag. Vitamin D ist wichtig für die Knochengesundheit und unterstützt unser Immunsystem.

- **Vitamin B12** beeinflusst viele Stoffwechselreaktionen im Körper. Wir brauchen es für die Blutbildung und gesunde Nerven. Bei einer rein veganen Ernährung ist die Vitamin-B12-Versorgung allerdings oft kritisch. Mit einer vegetarischen Ernährung, die Eier und Milchprodukte enthält, erreichst du den Referenzwert von 4 Mikrogramm in der Regel problemlos – erst recht, wenn du unsere Rezepte nutzt.

- Von der **Gruppe der B-Vitamine** ist neben Vitamin B12 vor allem **Folsäure** ein kritischer Nährstoff. Es ist im Körper an Zellteilungs- und

Wachstumsprozessen beteiligt. 300 Mikrogramm gelten als Referenzwert für Erwachsene. Schwangere Frauen haben einen erhöhten Bedarf. Gute Folat-Quellen sind Spinat, Blattgemüse wie Salate sowie Hülsenfrüchte.

Mineralstoffe werden in Mengen- und Spurenelemente unterteilt. Sie sind an zahlreichen wichtigen Körperprozessen beteiligt.

- **Mengenelemente** wie Natrium (reguliert unseren Wasserhaushalt), Calcium (sorgt für starke Knochen), Kalium (wichtig für die Flüssigkeitsverteilung im Körper) und Magnesium (koordiniert eine riesige Anzahl an Körperreaktionen) kommen überall in unserem Organismus vor.

- **Spurenelemente** wie Eisen (essenziell für die Blutbildung und den Sauerstofftransport im Körper – in Roten Beten und Hülsenfrüchten enthalten), Jod (trägt zu einer normalen Schilddrüsenfunktion bei – jodiertes Speisesalz sowie Milch und Eier sind gute Quellen) und Zink (unterstützt das Zellwachstum und ein gesundes Immunsystem – Käse, Vollkorngetreide und Milchprodukte enthalten Zink) tragen entscheidend zum störungsfreien Ablauf verschiedener Stoffwechselwege bei.

Bei den VETOX-VegPrep-Rezepten haben wir auf eine schonende Zubereitung, kurze Garzeiten und einen optimalen Nährstoffgehalt geachtet – so bleibt die volle Fitfood-Power erhalten, auch nach dem Aufwärmen.

Zutatenregister

A
Açai 47, 49, 59, 187, 189, 196, 197, 198, 199
Ahornsirup 27, 31, 35, 39, 40, 41, 43, 49, 51, 59, 60, 61, 62, 63, 131, 164, 166, 169, 172, 174, 175, 179, 183, 184, 194, 198, 199
Apfel 22, 47, 55, 67, 192
Avocado 17, 81, 119, 143, 199

B
Banane 37, 45, 49, 184, 187, 191, 193, 194, 195
Baobab 187, 193
Birne 53
Blattspinat 29, 87, 198
Blumenkohl 69, 71, 115, 129, 157, 197, 199
Bohnen 79, 81, 111, 115, 119, 143, 153
Brokkoli 16, 69, 97, 115, 131, 147
Brot 33, 83
Buchweizen 21, 23, 171, 174, 197, 199

C
Cashew 187, 194
Chiasamen 23, 27, 37, 40, 41, 45, 59, 63, 67, 172, 173, 184, 191, 198, 199, 201
Chicorée 69, 84
Couscous 111, 115, 139, 151, 155
Curry 111, 115, 129, 157, 171, 181, 197, 199

D
Dattel 172
Dinkelvollkornmehl 204

E
Edamame 115, 123, 125
Ei 31, 33, 87, 93, 95, 159, 164, 165
Erbse 204
Erdbeere 204
Erdnüsse 101, 129, 145, 159, 185, 199

F
Feldsalat 69, 84
Fenchel 69, 97

Feta 69, 87, 99, 101, 198
Frischkäse 82, 166, 181
Frühlingszwiebel 79, 105, 121, 137, 141, 157, 159, 167

G
Goji-Beeren 171, 172
Granatapfel 204
Grünkohl 99, 115, 139
Gurke 115, 123, 155

H
Hafer 21, 25, 35, 171, 174, 184, 197, 199
Haferflocken 16, 17, 21, 22, 25, 27, 29, 35, 39, 40, 41, 43, 51, 53, 57, 60, 61, 62, 65, 67, 172, 173, 179, 184, 191, 198, 199
Hanfsamen 49, 172, 189, 198, 199
Heidelbeeren 49, 61, 191, 195
Himbeeren 21, 23, 33, 45, 47, 61, 63, 189, 191, 196, 198, 199
Honig 25, 29, 137, 141, 190, 191, 198

I
Ingwer 43, 115, 125, 129, 131, 148, 151, 157, 161, 177, 187, 191, 199

J
Joghurt 22, 23, 37, 39, 41, 45, 47, 51, 63, 65, 109, 111, 113, 190, 195, 198, 199

K
Kakaopulver 45, 49, 166
Karotte 69, 75, 84, 87, 95, 109, 117, 121, 125, 129, 131, 137, 139, 141, 159
Kartoffel 69, 71, 75, 79, 82, 93, 117, 129, 157
Käse 81, 83, 84, 87, 95, 99, 103, 167, 202
Kichererbse 204
Kirsche 204
Kiwi 21, 29, 37, 187, 195, 196, 198
Kohlrabi 69, 75
Kokosjoghurt 45, 51, 53, 59, 60, 62, 63, 67, 191, 198, 199

Kokosraspeln 33, 57, 62, 65, 177
Koriander 17, 81, 111, 123, 141, 153, 198, 199
Kürbis 16, 69, 93, 148
Kurkuma 47, 60, 69, 109, 117, 157, 179, 192, 198

L
Lauch 87, 105, 107, 117, 198
Leinsamen 25, 27, 31, 67, 171, 179, 181, 183, 198
Limette 47, 62, 190, 197, 199
Linsen 16, 115, 117, 149, 153, 200

M
Magerquark 31, 33, 71, 93, 95, 169, 199
Mais 115, 119, 139, 151
Mandelmuß 204
Mandeln 21, 29, 35, 47, 53, 55, 65, 67, 109, 131, 139, 164, 172, 177, 179, 185, 198
Mango 115, 123, 137, 149, 171, 175, 187, 190, 193, 194, 195
Maracuja 23, 190
Minze 17, 109
Mohn 169

N
Nüsse 17, 35, 53, 185, 201

O
Oliven 85
Orange 37, 101

P
Papaya 187, 190
Paprika 16, 69, 85, 107, 115, 119, 121, 133, 135, 137, 143, 149, 151, 153, 155, 157, 160, 167, 196, 198, 199, 201
Paranüsse 35, 53
Pekannüsse 204
Petersilie 17, 69, 71, 75, 93, 101, 111, 129, 133, 143, 151, 155, 160, 199
Pfirsich 187, 193
Pistazien 29, 49, 69, 82, 171, 183, 196, 198

Q
Quark 93, 95, 165, 169
Quinoa 204

R
Reis 9, 16, 17, 69, 97, 109, 123, 129
Ricotta 115, 127, 197
Rosinen 22, 109, 179
Rote Bete 79, 139

S
Salat 19, 69, 84, 113, 115, 119, 131, 139, 141, 149, 151, 153, 155, 161
Schokolade 21, 35, 39, 40, 49, 173, 177, 198
Sesam 31, 115, 123, 125, 131, 141, 157, 161, 181, 198
Sojasoße 125, 129, 137, 141, 143, 159, 198, 199
Sonnenblumenkerne 31, 181
Süßkartoffel 69, 87, 115, 145, 196, 197, 198

T
Tempeh 115, 125, 129, 143, 197, 199
Tofu 115, 119, 125, 127, 129, 131, 133, 137, 159, 161, 199, 200
Tomate 81, 95, 99, 151

V
Vanille 22, 40, 41, 51, 63, 190, 194

W
Walnüsse 22, 31, 35, 39, 43, 51, 79, 135, 199
Weizenkleie 193

Z
Zimt 22, 25, 27, 40, 43, 45, 47, 51, 53, 55, 60, 63, 65, 172, 179, 183, 184, 192, 193, 198, 199
Zitrone 131, 151, 159, 165, 187, 195, 199
Zucchini 13, 16, 69, 85, 89, 103, 159, 196, 198
Zwiebel 73, 77, 85, 87, 97, 105, 107, 109, 111, 117, 119, 121, 127, 133, 145, 151, 155, 157, 160, 198

Quellen

Ducrot, P., Méjean, C., Aroumougame, V., Ibanez, G., Allès, B., Kesse-Guyot, E., Hercberg, S., & Péneau, S. (2017). Meal planning is associated with food variety, diet quality and body weight status in a large sample of French adults. *The international journal of behavioral nutrition and physical activity*, *14*(1), 12.

Osdoba, K. E., Mann, T., Redden, J. P., & Vickers, Z. (2015). Using food to reduce stress: Effects of choosing meal components and preparing a meal. *Food Quality and Preference*, *39*, 241–250.

Papier, K., Knuppel, A., Syam, N., Jebb, S. A., & Key, T. J. (2021). Meat consumption and risk of ischemic heart disease: A systematic review and meta-analysis. *Critical reviews in food science and nutrition*, 1–12. Advance online publication.

Zhong, V. W., Allen, N. B., Greenland, P., Carnethon, M. R., Ning, H., Wilkins, J. T., Lloyd-Jones, D. M., & Van Horn, L. (2021). Protein foods from animal sources, incident cardiovascular disease and all-cause mortality: a substitution analysis. *International journal of epidemiology*, *50*(1), 223–233.

Cao, J. J., Roemmich, J. N., Sheng, X., & Jahns, L. (2021). Increasing Vegetable Intake Decreases Urinary Acidity and Bone Resorption Marker in Overweight and Obese Adults: An 8-Week Randomized Controlled Trial. *The Journal of nutrition*, *151*(11), 3413–3420.

Tuso, P. J., Ismail, M. H., Ha, B. P., & Bartolotto, C. (2013). Nutritional update for physicians: plant-based diets. *The Permanente journal*, *17*(2), 61–66.

Zeit für den nächsten Schritt:

Erreiche mit VETOX Premium dein ganz persönliches Ernährungsziel

Dank des VETOX-VegPrep-Prinzips musst du dich ab sofort nicht mehr im Alltagstrubel zwischen schneller Küche und gesunder Ernährung entscheiden.

Dieses Kochbuch ist dein perfekter Begleiter, um auch zukünftig den Gesundheitsfaktor deiner Mahlzeiten im hektischen Alltag hochzuhalten und dauerhaft dranzubleiben.

Doch lass uns jetzt noch einen Schritt weiterdenken und gemeinsam dein ganz persönliches Ernährungsziel in Angriff nehmen:

- ✓ Du willst die letzten hartnäckigen Pfunde zu deiner persönlichen Traumfigur loswerden, ohne Crash-Diät und Verzicht?

- ✓ Du möchtest Muskeln aufbauen und sportlich neue Höchstleistungen erreichen? Mit der Gewissheit, deinen Körper optimal zu fördern?

- ✓ Du wünschst dir, trotz Allergien endlich wieder sorgenfrei schlemmen zu können, ohne ständig die Zutatenliste zu scannen oder Angst vor einem Nährstoffmangel zu haben?

Im nächsten Schritt wollen wir dir dabei helfen, dein individuelles Ziel zu erreichen und langfristig dranzubleiben.

Mit unserem Herzens Projekt VETOX Premium sind wir immer an Deiner Seite.

Denn das VegPrep-Prinzip ist nur ein Teil des großen, grünen VETOX-Universums, das sich dir von heute an eröffnet.

Ein wichtiges Puzzlestück unserer großen VETOX-Mission: **Wir wollen gesunde, pflanzliche Ernährung endlich für alle Menschen einfach machen.**

Mit den individualisierten Ernährungsplänen und auf dich zugeschnittenen Rezepten von **VETOX Premium** erreichst du dein individuelles Ziel jetzt stressfrei, schnell und vor allem mit ganz viel Genuss.

Denn jeder Mensch is(s)t anders – und deshalb braucht auch jeder andere Nährstoffempfehlungen und Rezepte, um sein ganz persönliches Ernährungsziel zu erreichen.

VETOX Premium ist dein digitaler Sparringspartner im turbulenten Ernährungsalltag

Im Unterschied zum Kochbuch können wir mit VETOX Premium deinen ganz eigenen, individuellen Bedürfnissen gerecht werden.

Wir unterstützen dich mit unseren personalisierten Ernährungsplänen auf deinem Weg zu mehr Gesundheit und Wohlbefinden – damit du deine gesteckten Ziele garantiert erreichst.

In der bunten Rezeptwelt von vetox.de erwarten dich jede Woche fünf bis sechs neue abwechslungsreiche, gesunde und leckere pflanzliche Rezepte.

Zusätzlich erhältst du zu jedem Rezept individuelle Nährstoffempfehlungen und jede Woche einen neuen, auf dich zugeschnittenen Ernährungsplan nach der 5+2-Erfolgsformel.

Die Rückmeldungen zahlreicher VETOX-Premium-Mitglieder zeigen: Schon nach wenigen Tagen spürst du einen deutlichen Unterschied.

Dani Krüger
★★★★★

Die Rezepte sind der Hammer. Schnell und einfach nachzumachen. Für mich einfach perfekt! Danke Vetox ihr seid klasse.

Frank Hensel
★★★★★

Endlich mal eine wirklich richtige Revolution im Ernährungsbereich. Ich habe nun die ersten Tage komplett ohne Fleisch hinter mir und ich merke schon die ersten positiven Veränderungen an mir. Nach 5 Tagen habe ich bereits das erste Kilo verloren und ich fühle mich fitter denn je. Ich danke Euch, das Ihr beide in mein Leben getreten seid. Ich kann Euch und Eurer Programm nur weiter empfehlen.

Hallo ihr lieben
Ich muss euch mal ein echtes kompliment machen .....seit meiner Brustkrebserkrankung 2018 bin ich auf der suche nach einem Ernährungsplan der mein Körper mit allen Vitaminen und Nährstoffen versorgt .....ich hatte vor 14 Tagen eine detox Woche eingelegt wie es das Schicksal so will wurde ich gegen Ende auf eure Seite aufmerksam. nach 1 Woche hab ich schon super gute Ergebnisse ich bin total begeistert meine Haut ist soviel besser ,mein schlaf und vor allem das Wohlbefinden! Ich habt euch sooo viele Gedanken um dieses Konzept gemacht und man merkt rictt mit wieviel herzblut und Leidenschaft ihr dabei seid ! Also dickes Kompliment und macht weiter so!

Ja, das war eine meiner besten Ideen, mich bei Vetox anzumelden. 😊😊
Martina

Liebes Vetoxteam, ich wollte mich auf diesem Weg ganz herzlich bedanken. Im Mai ging es mir sehr schlecht; Diabetes mit einem Nüchternzucker über 211, hohem Blutdruck und schlechten Cholesterinwerten. Und genau in dem Moment kam die Sendung mit Katja Burkard und euch. Ich habe mich sofort angemeldet und habe nach 15 Wochen Zuckerwerte wie ein Nichtdiabeteker, normale Blutdruckwerte und auch die Fettwerte sind besser. Meine Ärztin konnte es nicht glauben, hat sich gleich Vetox aufgeschrieben. Ich bin so glücklich, fühle mich prima. Danke an eure Initiative und Ernährungspläne. Ich bleibe dabei und freue mich auf das neue Kochbuch.
Herzliche Grüße Karin

Werde auch DU Teil der VETOX-Ernährungsrevolution

Normalerweise bieten wir VETOX Premium 14 Tage kostenlos zum Test an. Denn wir sind absolut überzeugt, dass du die ersten positiven Veränderungen schon in dieser kurzen Zeit spüren wirst.

✓ Du kommst morgens leichter aus dem Bett.
✓ Dein Hautbild verbessert sich.
✓ Du hast mehr Energie und fühlst dich fitter.

Und das sind nur drei der unzähligen positiven Effekte der pflanzlich-gesunden VETOX-Ernährung.

Doch wir möchten DANKE sagen, dass du unser VegPrep-Kochbuch gekauft hast, und dich auch in Zukunft auf deinem gesunden Ernährungsweg unterstützen.

Deshalb laden wir dich ein, VETOX Premium und unsere individuellen Ernährungspläne ganze 30 Tage lang völlig kostenfrei auszuprobieren und selbst zu spüren, welchen gigantischen Unterschied eine Ernährung nach VETOX für dein Lebensgefühl bedeutet.

Hier geht's zu den Vorteilskonditionen

Revolutioniere jetzt deine Ernährung und gehe mit VETOX Premium den nächsten Schritt.

Star-Moderatorin und VETOX-Supporterin Katja Burkard ist bereits dabei – was ist mit dir?

„*Ich finde VETOX wirklich genial,* weil es eben nicht einfach nur einen weiteren Pfad im Ernährungsdschungel einschlägt, sondern das Problem an der Wurzel packt und ganzheitlich angeht. Es werden nicht nur die Ergebnisse der Wissenschaft als Grundlage für die vegetarisch-vegane Ernährungsweise herangezogen, sondern mit zahlreichen Funktionen wirklich einfach und unkompliziert für alle zugänglich gemacht.

Ich denke, wir haben die Ernährung der Zukunft gefunden. Wir können hier tatsächlich von einer Revolution sprechen."

Wir freuen uns, wenn wir auch dich bei VETOX Premium begrüßen dürfen. Gehe einfach auf

www.vetox.de/vegprepaktion

und sichere dir eine extra lange Ansichtszeit von 30 Tagen exklusiv für dich als Kochbuch-Besitzer*in.

Teste VETOX Premium jetzt ganze 30 statt 14 Tage GRATIS
Scanne dazu einfach den nebenstehenden QR-Code oder gehe jetzt auf

www.vetox.de/vegprepaktion

und sichere dir alle Funktionen von VETOX Premium jetzt für ganze 30 Tage kostenlos.

Deine Vorteile von VETOX Premium:

✓ **Jede Woche neue, leckere VETOX-Rezepte** nach der 5+2-Formel mit genauen Nährstoffangaben in **deinem individuellen, flexiblen Ernährungsplan** für dich zusammengestellt.

✓ **Unliebsame Lebensmittel ganz einfach ausschließen:** Garantiert keine Rezepte mehr mit Zutaten, die du nicht magst oder nicht verträgst

✓ Egal, ob Dinner for One, Abendessen mit Freunden oder Vorkochen für die stressige Woche: Die **Portionsgrößen sind jederzeit anpassbar**.

✓ Mit der **VETOX-App** sind die Rezepte von überall abrufbar und machen eine gesunde Essensplanung auch von unterwegs möglich.

✓ Mit einem Klick erstellst du eine **intelligente Einkaufsliste zu deinem Ernährungsplan**, denn Einkaufsplanung ist das A und O.

✓ Deine **„Jetzt Kochen!"-Funktion** führt dich Schritt für Schritt durchs Rezept und erspart dir das lästige Hin und Her zwischen Zutatenliste und Rezept.

✓ Und mit der **exklusiven VETOX-WhatsApp-Gruppe** bleibst du nicht nur mit der Community, sondern auch mit uns – Deinem Team VETOX – immer im Austausch.

Wir freuen uns auf dich!

Dein Team VETOX

Anna Lena Stegemann und Marie-Sophie Jesko